*Julius Meier-Graefe*

# Cézanne und sein Kreis

*Ein Beitrag zur Entwicklungsgeschichte*

Verlag
der
Wissenschaften

*Julius Meier-Graefe*

**Cézanne und sein Kreis**

*Ein Beitrag zur Entwicklungsgeschichte*

*ISBN/EAN: 9783957003812*

*Auflage: 1*

*Erscheinungsjahr: 2015*

*Erscheinungsort: Norderstedt, Deutschland*

*© Verlag der Wissenschaften in Vero Verlag GmbH & Co. KG. Alle Rechte beim Verlag und bei den jeweiligen Lizenzgebern.*

*Webseite: http://www.vdw-verlag.de*

*Cover: Paul Cézanne: "Stillleben mit Äpfeln und Orangen"*

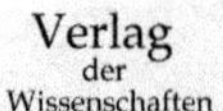
Verlag
der
Wissenschaften

# CÉZANNE UND SEIN KREIS

# CÉZANNE UND SEIN KREIS

## EIN BEITRAG ZUR ENTWICKLUNGSGESCHICHTE
## VON JULIUS MEIER-GRAEFE

DRITTE AUFLAGE
SECHSTES BIS ACHTES TAUSEND

MIT 171 TONÄTZUNGEN UND EINEM LICHTDRUCK

R. PIPER UND CO. VERLAG MÜNCHEN
1922

## I.

„LA FIN EST LA DÉLECTATION“ SAGTE POUSSIN, OHNE DAMIT ETWAS
Besondres zu sagen. Dreihundert Jahre später dachte es Renoir, und
da war es etwas Unerhörtes geworden, ein Protest gegen ungefähr
alles der Zeit und ein Protest ohne eine Spur von Verneinung. O die
flink Degoutierten, die den alten Renoir zu süß finden! O die Dia-
betiker! Sie ahnen nicht, um wie vieles die Süßigkeit Renoirs die
Süße seiner Farben übertrifft. „Je reste dans mon rang“ sagte er einmal als alter Mann, und noch bevor er richtig Ölmalen gelernt hatte,
schrieb er es über seine Zukunft. Nur nichts stürzen! drin bleiben!
unter allen Umständen drin bleiben! Wenn es keine Gilde mehr gibt,
so tun, als ob es eine gäbe, und die Gemeinde stände da und machte
mit. Erst die Gemeinde, dann das andre. Erst Franzose, dann Künstler.
Erst Porzellanmaler, dann der große Mann.

Weil seine Delektation wie Milch und Honig fließt, ohne den
Tropfen Tragik, darum erscheint er belasteten Zeiten zu süß. Denn
es geht nicht an, so zu tun, als gebe es in der Welt nur prangende
Frauenbrüste. Vielleicht ist wirklich seine Delektation nur würziger
Sensualismus, und sein Künstlertum, dem nichts wie der Drang nach
Verallgemeinerung befahl, doch nur eine Seltenheit, ein Traum, ungeeignet für unsre Blößen. Seine Reihe ist nicht die unsere, kann nicht
die unsere sein. — Kein Wunder, daß die Masse fern blieb. Er, dem
die Schule über alles ging, hat keine Schule gemacht. Monet herrschte
über das neue Jahrhundert hinaus. Die Generation, die dann auftrat,
lief in Scharen zu dem Genossen Renoirs, der in allem von dem Gegenteil Renoirs ausging; ein Einsamer, der die Einsamkeit ins Lächerliche
steigerte, Persönlichkeit ohne ein Atom persönlicher Suggestion, ohne

Sensualismus, ein Mensch, dem prangende Brüste entsetzlich waren, ein Künstler, der nur Sensualismus und nur Delektation geworden ist; reinster Sensualismus, reinste, von allem Zweck erlöste Delektation.

Um die Empfindlichkeit des Koloristen zu schildern, nimmt man zarte Dinge, sieht ein, daß sie zum Beispiel noch zarter als die Äquivalente Renoirs sein müssen. Und auf der Suche nach dem Zartesten gerät der Zuhörer in Gefahr, Ursache und Wirkung zu verwechseln und Cézanne im Bereich femininer Dinge zu suchen. Dann erinnert man sich, daß er in Wirklichkeit gar nicht so zart eher derb ist, derb wie Rembrandt und zwar wie der alte Rembrandt; im Grunde ein kühler Denker, rücksichtsloser Konstrukteur; im Grunde ein Brutaler, neben dem Courbets animalische Männlichkeit weich und verworren erscheint; im Grunde der männlichste Künstler Frankreichs.

Um Werke wächst es immer wie Urwald. Man sollte meinen, in kleinen Zeiten ragten sie um so sichtbarer empor. Natürlich trifft das Gegenteil zu. Je größer sie, je kleiner die Zeiten sind, desto tiefer verstecken sie sich, und sobald eine Generation, eine einzige, nicht mehr mit schöpferischem Appetit zu ihnen dringt, wird der Wald so dicht, als hätte sich nie einer zu ihnen verirrt. Zu Rembrandt mögen immer ein paar Augen den Weg gangbar halten. Wir wollen es annehmen, obwohl nur wenig dafür spricht. Auch in hundert Jahren mag sich immer noch einer mit blankem Beil auf den Gang durch den Urwald machen. Aber wenn wir zu viel von Rembrandt wissen, wissen wir von Cézanne zu wenig. Da er uns selbst gemalt hat, ist er uns fremder als ein Unbekannter des Trecento aus Siena. Immerhin sieht man, was Rembrandt von der Mitgift seiner Zeit wegließ und was er von der Zukunft hinzutat. Mit der Feststellung dessen, was Cézanne wegließ, könnte man Bände füllen, und es wäre keine schwere Arbeit. Aber kein Kaufmann addiert bei der Inventur das nicht Vorhandene. Was übrig bleibt und dazu kam, steht in Frage. Übrig bleiben ein paar Flecke auf weißer Leinwand.

Da steht der Ungläubige, pocht und fragt, verlangt Antwort in zwei Worten, kurz und bündig wie die Flecken auf der Leinwand. Ich sitze da, rede hin und her, gestikuliere. Schon nickt er, von dem Schwindel überzeugt, sieht auf meine Hände, lächelt. Nicht etwa meine Unfähigkeit ist für ihn erledigt, sondern Cézanne. Hinterher fällt mir ein, daß der Esel gar keinen Anspruch auf die zwei Worte besitzt, weder bei Rembrandt, an den er glaubt, noch bei einem andern, an den er nicht glaubt

Die ersten Bilder von Physiognomie sind schwarze Fetzen, und die Physiognomie ist eine Fratze. Sie beginnen um 1863, als Cézanne vierundzwanzig war. Er hat weit früher angefangen, schon 1858, als er in Aix auf Verlangen des Vaters, gezwungen und ohne Murren, das Studium der Rechte begann; damals als Autodidakt mit belanglosen Nachahmungen[1].

Sein Vater, wohlhabender Bankier, gab der Mutter, die wie alle Mütter an die Berufung des Sohnes glaubte, nach, erlaubte 1861 die Übersiedlung nach Paris und versuchte, als der Junge das nächste Jahr so leichtsinnig war, die Ferien in Aix zu verbringen, noch einmal und um so energischer, ihn an das Bankhaus zu fesseln. Cézanne gehorchte wie immer, aber erwies sich ungeeignet. 1863, im Jahre des Todes Delacroix' und der Taufe der „Olympia", wird Cézanne endgültig Maler und arbeitet in der Academie Suisse in Paris neben Pissarro und Guillaumin. In der Zwischenzeit sind die schnurrigen Dekorationen in dem elterlichen Landhaus bei Aix entstanden; überdünne, überglatte Figuren von übernaiver Einfalt. Er machte sich den Witz, sie Ingres zu signieren.

1863 beginnen die sogenannten Studienköpfe. Mit faustdicken Kreuz- und Querstrichen des Palettenmessers werden Gesichter gekleistert; Gebilde von unglaublicher Rohheit. Etwa ein van Gogh aus der Vorstadt, ohne Rhythmus, ohne jeden Klang, beleidigend proletarisch. Das Hauptbild: Porträt des Vaters, ein lebensgroßer Zeitungsleser[2], erinnert an Courbet, wie ein schlecht gebackener Schneemann an einen Menschen. Auch die ersten Selbstbildnisse sind unter den Köpfen, darunter eins von 1864, von dem man mit mehr Recht sagen könnte, was ein Münchener Kritiker damals von den frühen Arbeiten unsers Marées behauptete: mit der Maurerkelle gemalt.

Daneben, zu gleicher Zeit oder etwas später, sogenannte Kompositionen. Zola, Intimus und Schulkamerad in Aix, der mit Enthusiasmus den ersten Schritten, mit wachsendem Mißtrauen den weitern zusah, besaß, ohne darauf stolz zu sein, einige dieser Kompositionen, darunter die zwischen 1866 und 68 entstandene „Entführung"[3]. In einer kulissenhaft romantischen Landschaft, dunkler als die dunkelsten Courbets, steht vorn ein nackter Kerl mit einem nackten Weib auf den Armen; der Kerl mit übertriebenen Muskelteilen à la Daumier; das Weib, schwammiges Weiß, ungeheuerliche Extremitäten, ein Paket aus Armen und Beinen. Im Hintergrund ein paar kleinere Nacktheiten, verkrümelte Fleischteile. Alles andere, nur nichts für die Jungen von damals. Nichts von Naturalismus, eher das Gegenteil, nichts von Manet. In den verkrümelten Nacktheiten des Hintergrundes ein kindisches Barock, das Delacroix vom Tisch gefallen sein könnte; Brotkügelchen, mit denen dicke Finger gespielt haben.

Dies der Anfang, wenn man sich nicht allein an die gekleisterten Köpfe halten will; ungemein bezeichnend, wenn auch nicht für unsre Vorstellung von Cézanne. Keiner der Generation hat so begonnen, so talentlos und so brutal. Die Übereinkunft, Cézanne mit einer bestimmten Gruppe seiner Zeit zusammenzutun, erweist schon hier eine Lücke. Alle andern zeigen in den ersten Bildern Keime der Eigenart innerhalb einer mehr oder weniger gesicherten Tradition, sind courbethafte, corothafte Individualitäten. Selbst die viel später kommenden wilden Leute wie van Gogh und Gauguin fangen zahmer an. Cézanne ist anders, nicht weil er sich andre Vorbilder aussucht. Hinter den Studienköpfen steckt keine Meisterverehrung, eher das Gegenteil, die Verachtung aller Autorität, ein in der Form empörender Hohn, nicht auf die Pompiers des „Salon", sondern auf die besten Götter der Minorität, auf alle und alles. Soweit sein Verhältnis zu Manet, der damals noch auf die Anhängerschaft einer winzigen Minorität angewiesen war, aus den Karikaturen auf die „Olympia" und aus gut verbürgten Redensarten über Manet hervorgeht, grenzt es an Zynismus. Er hat Rubens und Delacroix bewundert. Über den Niederschlag dieser Bewunderung in manchen frühen Bildern stehn dem Betrachter die Haare zu Berge.

Der Unterschied ist sozialer Art. Der Anfänger steht anders zu der Konvention, nicht zu dieser oder jener, sondern zu jeder. Die andern wurden Revolutionäre genannt, wir fragen uns heute, warum. Dieser Anfänger ist Anarchist und muß auch heute noch, wird mit den Erstlingswerken immer dafür gelten. Er ist nicht nur ärmer an sichtbarer Begabung, vor allem ärmer an Scham. Er macht den Anfang eines Künstlers, der nicht in den sechziger Jahren, auch nicht in den neunzigern, sondern heute beginnt. Erst heute sind solche Anfänge an der Tagesordnung, und selbst heute fiele es schwer, einen Jungen zu finden, der so wenig mit den Tendenzen, oder auch nur mit den Schlagworten seiner Tage rechnet wie der junge Cézanne.

## II.

Das geht ein paar Jahre so mit den geklexten Köpfen und verkrümelten Motiven. Nebeneinander laufen Tendenzen aller möglichen Art, man kommt zu keiner Handschrift. Es genügt, sich die glatten Dekorationen bei Aix neben die Kleisterköpfe und die wieder ganz andern, verblasenen Motive zu halten. So heterogene Dinge lassen einen Menschen erraten, der nicht von Natur aus an ein bestimmtes, auszubildendes aber unersetzliches Organ gebunden war, sondern mit Experimenten einen Ausdruck suchte und dann erst etwas auszudrücken hatte. Auch das ist Unikum in der Geschichte. Ein Mensch nicht nur ohne Schule und den Begriff für Schule, sondern auch ohne spezifische Natur. Warum malte er? Bei van Gogh kann man angesichts der allerersten Sachen vielleicht ebenso fragen. Aber selbst abgesehn von der unübersehbaren Differenz zwischen den Zeiten, vermittelt die Ethik van Goghs seinem Biographen sofort eine wohlklingende Antwort, und, so schön es bei ihm weiterging, die Fortsetzung verschweigt nie die Unsicherheit des Beginns. Nichts ist erstaunlicher, als daß Cézanne ein Werk hervorbrachte, an dem gerade das Organische am stärksten überzeugt und die Form geradezu das Wesen des Menschen enthält. Wenn aus den Anfängen überhaupt auf Kunst geschlossen werden konnte, blieb für den Optimisten nur die Prophezeiung, daß die Resultate von Grund aus anders sein würden als die gewohnten; auf Begriffe von Natur, Ausdruck, Eigenart gestellt, die bis dahin unbekannt waren.

Die gekleisterten Köpfe hören auf, aber die schwarzen BarockMotive gehn weiter und verkleistern sich, wenn der Ausdruck erlaubt ist. Das Barock verliert das Verkrümelte, dehnt sich aus zu tollen

Kurven, gebaucht, gespreizt, geschwungen und im Schwung spitz-
winklig zerrissen; der Traum eines irgendwie geknebelten Visionärs,
den die Geschichten der Daumier und Delacroix, der Tintoretto, Greco
erschrecken; geknebelt aber irgendwie musikalisch. Schon ist da
etwas. Die Farbe dehnt sich aus, verliert alles Verblasene, sondert das
Dunkle als leuchtendes Schwarz gegen andre tiefe Klänge, ordnet sich
zu starken Kontrasten innerhalb einer beschränkten, aber merkwürdig
sonoren Klangwelt. Man gesteht sich die Wirksamkeit des Farbigen,
auch wenn die Deutung des Motivs entgeht. Das Auge saugt sich voll
an breiten Flächen von Grün, tiefem Grün, dunkler als Smaragd,
Bananengelb, kaltem Blau, fettem, gleißendem Weiß; schwelgt schon,
dem Verstand voraus, hat schon empfangen. Der Verstand sucht nach
dem Titel: „Frühstück im Freien"; wenn man vom Farbigen absähe,
eine dumme Persiflage auf Manets „Déjeuner sur l'herbe". Menschen,
Fragmente von Menschen, um so etwas wie ein Tischtuch herum; das
Tischtuch irgendwie, irgendwo über dem Boden; überhaupt kein Tischtuch, einfach hingespritztes, laufendes Weiß. Eine Donna von zwölf
Kopflängen, dünn wie Papier. Im schwarzen Bart ein Rund, ein Kopf,
Bart ohne Kopf, ein leuchtender Schädelteil ohne Körper, etwas Ge-
drehtes, Gedrechseltes soll Bein sein; noch so ein zusammengeknülltes
Profil, und dann einer an dem Tischtuch mit grellem schmalen Gesicht,
beinahe mit Ausdruck; vorn irgendwo ein Fabeltier aus Schatten, ein
Hund von der Rasse der Köter auf Marées' letzten Bildern. Wie gesagt, wenn man vom Farbigen absehn könnte! Aber davon läßt sich
nicht absehn, es bleibt nicht viel, wenn man davon absieht, aber es
wäre zum Beispiel unmöglich, die Farben anders zu konstituieren.
Sie sind ganz undenkbar in einer andern Zeichnung. Die Harmonie
läßt sich nicht aus dem Bilde lösen, die Farbigkeit wird nicht von der
Farbe allein geschaffen. Schon dämmert der Instinkt: Die Verteilung
der Massen ist vielleicht ebenso wichtig, vielleicht noch wichtiger;
schon allein die Mischung des Hellen mit dem Dunkeln, schon das
Zusammen von graden und geschwungenen Formen.

Ich setze einen Beobachter voraus, der nicht nur das „Frühstück",
sondern eine Anzahl der folgenden Barockbilder vor sich hat, meinet-
wegen die verwegensten, den kirmesbildartigen „Mord", die erste
„Versuchung des heiligen Antonius" mit den drei dreieckig angeord-
neten Frauen in der Mitte und dem schiefen grecohaften Mönch links,
vor dem sich eine vierte wie eine Fahne bäumt; oder die Flußbilder
mit unförmlichen Fleischmassen, Weibern, die wie Berge auf den

14

Ufern lasten, Männern, deren groteske Bärte in die Umrisse des Landes
aufgehn, Flüssen mit phantastisch bespiegelten Wellen, muschelartigen
Schiffen mit Leichentüchern statt Segeln[4]. Je mehr man von den
tollen Dingen bei Vollard sah, desto mehr hätte man sehn mögen, um
sie zu Friesen an einander zu binden. Mit der Gesamtheit beschwich-
tigte man die tolle Gebärde des einzelnen, fand sie nötig für die Macht
dieser Farbigkeit. Eine fast drohende Macht, keineswegs nur Ge-
schmackswert. Auf alle Leistungen des Geschmacks mit oder ohne
Ornament sind wir schon lange so gut gedrillt, daß sich jede Neuheit
von selber einordnet, auch wenn wir noch nicht ihren engern Begriff
formuliert haben, noch ihre Herkunft erkennen. Auch auf den freiesten
Geschmack. Die materielle Herkunft der Farben dieser Barockbilder
erkennt man sofort. Sie stammen von der Palette des spanischen Manet,
dem Zola den Freund zuführte; sie haben nichts von Manet. Manets
Farbe hat nie diese dunkle drohende Macht, Manet hat überhaupt
nichts Dunkles hinter dem Motiv. Man sieht gleich, was er will. Das
Motiv läuft uns entgegen, fast an uns vorbei. Es ist gut gemalt, wunder-
voll gemalt. Wir haben sofort zehn Argumente für eins, um unser
Urteil zu belegen, hatten sie beim Anblick des ersten Manet, und be-
griffen das Toben gegen die Olympia wie eine Dummheit heroischer
Zeiten. Der Widerstand gegen alles Neue wich sofort, mußte für
jeden Sehenden weichen, da man mühelos die gehobenen Werte der
Spanier und Courbets erkannte. Das Mißverständnis ging nur das
Publikum an und war nur in einer Zeit denkbar, die zu den alten
Meistern kein Verhältnis besaß. Die Revision der Kunstgeschichte
war Manets bestes Argument. Wir verdanken ihm nichts so sehr wie
den Qualitätssinn für die Werke der Alten. Sein eignes Werk war
erhöhte Qualität.

Qualität! Die Zunge schlägt an den Gaumen, sofort ist die Kenner-
schaft zur Hand. Die Schnelligkeit der Reaktion spricht gegen ihre
Tiefe, beschränkt den Umfang. Wohl wird Vollkommenes erwiesen
und eine außerordentlich natürliche Vollkommenheit; erwiesen mit
Temperament, spontan, mit allen Zeichen engster Beteiligung des
Malers, höchst lebendig, in jedem Strich persönlich. Schön, sehr schön
und überdies unentbehrlich für eine Zeit, die statt der Sinne Hokus-
pokus im Kopfe hatte. Im Grunde aber nur sinnliche Steigerung. Sie
zeigt von dem Maler das Handliche, mit der Hand Gemachte, das sich
greifen läßt. Es ist möglich, daß er trotz aller Intensität dabei an
etwas anderes dachte, das für uns wichtiger gewesen wäre und das

gerade seine Intensität hinderte, mit in das Bild zu gelangen. Cézanne ist an seinen unförmlichen Massen ganz anders beteiligt. Freilich kann er sich nicht so leicht ausdrücken, obwohl er es ganz sicher ebenso möchte. Die Sehnsucht nach Ausdruck klagt wie ein düsterer Chor. Sie beugt und zwängt die Leiber, beschwert Gewänder, starrt in der Farbe. Vielleicht gelingt es nicht so leserlich, weil der Maler plump ist und sich seiner Plumpheit freut; vielleicht, weil das zu Sagende schwerer wiegt. Neben den großen Flächen wirkt Manet klein, neben dem langsamen Chor wird Manet zu beredt, neben der Einfalt der schwarzen Kolosse wird Manet gekünstelt. Manet hat hundert Seiten, sein Fleisch, sein Leinen, seine Gewänder, das Stoffliche von Blume und Blatt, seine Steigerung der Natur bis in die Fingerspitzen; aber seine Vielseitigkeit sammelt sich nicht gegen die geschlossene Kraft der schwarzen Idyllen. Den zyklopischen Wesen naht sich nichts Stoffliches solcher Art. Cézanne hat das alles geleert und abgetan, bevor er begann, und wir sind schon so weit: nicht seine übertriebene Verallgemeinerung beengt uns, sondern Manet. Der Alleskönner ist einseitig, seine Vielseitigkeit beschränkt sich auf Variation eines unergiebigen Themas, spendet Einzelheiten, keine Welt. Manet hat nur sehr selten Bilder gemalt. Die Seltenheit des ganz gelungenen Stücks, dessen Vollkommenheit wir mit der Angst des Zuschauers eines Seiltanzes bewundern, beschränkt die Gattung. Cézanne will Bilder. Massig wie seine Körper wölbt sich das Fundament seiner Vorstellung, seiner Welt. Es ist eine dunkle Welt. Vielleicht begreift einer die Art seiner schwarzen Barockwerke überhaupt nicht und lehnt sie ab. Nimmt er sie an, ist jedes Werk angenommen, und jedes lichtet das Dunkel.

Die Sicherheit des Betrachters bei so geringer Hilfe aus gewohnter Natur nährt sich offenbar von dem dekorativen Gehalt des Barocks, könnte daher auf besondern Schranken beruhn, die jeden Vergleich mit einer freieren künstlerischen Gebarung trüben, wenn nicht ausschließen müßten. Kein Wunder, daß ein Ornament farbiger wirkt. Wir wollen das Schöne nicht mit Verzichten auf unsre Welt bezahlen und danken den großen Leuten unsrer Zeit, daß sie solche Ansprüche weckten und erfüllten. (Freilich gingen wir dabei zuweilen zu flink über den Rest unsers Anspruchs hinweg und ließen uns an Freiheit und Person genug sein, auch wenn wir nicht immer wußten, was damit anzufangen war.) Aber die Wirkung des Barocks erschöpft sich nicht mit der Schranke. Keine unsrer vielberufenen Forderungen wird in Frage gestellt, keine kommt überhaupt in Betracht. Das Ornamen-

16

tale, das in irgend einem Grade zu jeder künstlerischen Schöpfung gehört, behauptet sich hier nicht gegen die Empfindung, noch gegen das Persönliche, scheint vielmehr geradezu nur aus der Empfindung gewonnen und formt sich zum Symbol der Persönlichkeit, keineswegs des Barocks. Dieses wird nicht benutzt, um der Gestaltung das Besondere zu geben, eher, um das Besondere der Anschauung zu ebnen. Das Ornamentale ist Gliederung der Vision, keineswegs ihr Inhalt. Wir vermögen das Geistige, das dahinter steckt, noch nicht zu bezeichnen, können es nur interpretieren. Soviel steht fest: die Kraft, die den Maler zu der ungeheuerlichen Verallgemeinerung trieb und uns mit Zyklopenfinger anzieht und zur Deutung anhält, ist Bekenntnis.

Darüber läßt sich viel und wenig sagen; sehr wenig, wenn jede Verwechslung von Ursache und Wirkung vermieden werden soll und man im Objektiven bleiben will. Aber wenn wir der Kraft im Dunkel nicht mit festen Formeln nahe zu kommen vermögen, lassen sich mit Vergleichen und andern Mitteln mindestens Wahrscheinlichkeiten aufdecken, aus denen ihre Gültigkeit gefolgert werden darf. Das wäre wichtig, nicht um Cézanne zu rechtfertigen, für dessen Werk die kurze Periode der frühen Barockbilder nicht viel bedeutet, sondern unsertwegen. Das Ornamentale seiner Gestaltung ist hier besonders greifbar, und aus der mangelhaften Einsicht in sein Wesen sind viele der Irrtümer entstanden, mit denen unsre Zeit zu rechnen hat. Um der Würde des Gegenstands und seiner Fülle nicht mit Trockenheit zu begegnen, werde ich mich mancher Umwege bedienen, durchdrungen von der Einsicht, auch damit nie ersetzen zu können, was ein einziger Blick auf das Bild an der Wand erschließt.

An dieser Stelle nur ein in zwei Worten zu gebender Hinweis auf das wichtigste Hindernis gegen eine allzu einfache Auffassung Cézanneschen Stils und auf die wichtigste Eigenschaft seines Ornaments in allen Perioden: die räumliche Gewalt dieses Barocks. Allen voreiligen Schlüssen widersetzt sich der Gehalt jedes Bildes an Tiefe. Wir sind an das Ornamentale nur in einer Dimension, in der Fläche, gewöhnt, und gewinnen aus dieser Beschränkung des Zaubers die meisten unsrer Beschwerden. Cézannes Massen, so fetzenhaft sie sein mögen, gehn unheimlich zurück, sichern irgendwie einen Raum, den Raum, auf den nicht nur die Kunstgewerbler unsrer Tage, sondern bis zu einem sehr weitgehenden Grade auch die an greifbarer Vitalität überreichen Meister unsrer Malerei notgedrungen verzichten; sichern ihn ohne Mätzchen, ohne kleinliche Modellierung, ohne jede Hemmung für das Bekenntnis, und machen ihn fähig, wenn nicht Menschen und Dinge, die uns gewohnt sind, so Leben, gespenstisches, aber unerhört wahrscheinliches Dasein zu tragen. Nicht das dunkle Ornament droht und lockt uns; wir würden bald damit fertig; das lebensträchtige Wogen der Massen, geknebelt, murrend, gepreßt, hält uns in Bann. Die Pracht regt sich. Das Starre ist nur die Last des Farbigen, ein langsames Tempo, ungewohnte Abkürzung des Rhythmus. Von irgendwo aus dem Bilde blickt dich längst gesehnes oder geträumtes Dasein an. Man fühlt nur nicht, wo es ansetzt, die Fetzen sind ungewohnte Angelpunkte der Natur. Sicher nicht greifbare Natur, keine Natur bis in die Fingerspitzen. Vielleicht bis in die Spitzen andrer Organe, die schliefen, als die Finger wachten, und die ganz anders zugreifen können. Denn dieses Leben gibt es in den Bildern der andern nicht.

Für diesen Menschen ist offenbar die Natur nicht da, um in einer Übertragung ihrer Stofflichkeit wiedergegeben zu werden, und die Kunst gilt ihm nicht deshalb, weil sie malerische Äquivalente für Fleisch und Haar besitzt. Das alles liegt hinter ihm. Er möchte sich selbst übertragen, sich, wenn er etwas sieht, das ihn bewegt: seine Bewegung.

Manet war das Temperament, einen Mann auf einer Gartenbank so zu malen, als habe es im Leben nie einen Mann auf einer Gartenbank gegeben; die Schnelligkeit, mit der ein Vorhang vor dem Mann weggerissen wurde. Der Betrachter wurde von dieser Bewegung in der Sehkraft gesteigert. Man erfaßte mit Vehemenz den gemalten Mann und wunderte sich nach dem Anprall ein wenig, nur einen Mann auf einer Gartenbank vor sich zu haben. Bevor man sich aber auf die Verwunderung besann, kam die schöne Farbe dazu. Eine pfeilsichre Art, alles für den Blick Entscheidende so zu geben, daß es sich unverlierbar einprägte, bediente sich wunderbarer Farben; ja, mußte sich ihrer bedienen, es lag im System der Geschwindschrift. Die Geschwindschrift allein wäre Experiment, Kunststück gewesen, Willkür. Die schöne Farbe vervielfachte das Phänomen, entfernte die Willkür, machte die Geschwindschrift zu Kunst.

Für Cézanne ist es nicht bedeutungslos, daß er wieder gewagt hat, „ungesehene Dinge", Geschichten von Don Quichote und dem heiligen Antonius zu malen, Motive, die in seinem Kreise verpönt waren. Aber er macht auch aus dem Mann auf der Gartenbank solche Geschichten. Ja, er bedarf nicht des Mannes, ein paar Äpfel genügen. Dieselben Äpfel genügten Manet, um seine Handschrift unwiderstehlich zu

18

machen. Wir wissen in der Frühzeit noch nichts von der Handschrift Cézannes, und es ist mehr als fraglich, ob wir je, auch in der reichsten Zeit, von einer Handschrift im gleichen Sinne reden können, obwohl auch seine Bilder keiner Signatur bedürfen. Im Grunde hatte er damals nicht mehr Handschrift als ein Kind, war mit der Hand nichts weniger als pfeilsicher und ließ sich wie ein Kind das Plumpe der Hand für die Geschichten dienen.

Also, wenn überhaupt eine Reihe, nicht die Reihe der großen Mittel und kleinen Komplexe: Manet, Courbet, Franz Hals; sondern die der großen Komplexe: Marées, Delacroix, Rembrandt. Es ist selbstverständlich, daß der größere Komplex größere Mittel, nämlich alle, besitzt.

III.

Wie bei Rembrandt eine Lebensgeschichte in Selbstbildnissen. Schon
die frühesten stellen ihn als ein von innen nach außen gewölbtes
Spezimen des Typs hin. Nicht das besondre Exemplar, der Herr mit
solchem Haar, solchen Augen und so weiter, — nicht das, was ihn von
andern unterscheidet, sondern das mit andern Gemeinsame, was nicht
übertrieben viel ist. Da er alles, selbst einen Apfel als Selbstbildnis
malt, kommt das Gesicht im Spiegel hier nur als zu entfernendes Objekt in Betracht. Das Bild ist Gesicht, nicht der Kopf, und der Kopf
ist Gesicht, vor allem Gesicht, Gewölbe von hundert Gesichtern, darunter auch des eignen. Das Barock hilft in den Selbstbildnissen um
1870 sehr merkbar zu der Geschlossenheit. Haar und Bart umgeben
in Kringeln das runde Gesicht. Lippen und Kinn sind Rokoko-Ara-
besken. Bis dahin genau, wie es ein Kind machen würde, das unter
geschwungenen Möbeln aufwächst. Das Volumen des Kopfes aber hat
ein Bildhauer mit dem Pinsel gemeißelt. Es sichert das Gesicht im
Raum und sichert es dadurch überhaupt. Die Farbe, hier schon eine
in reichen Tönen wallende Farbigkeit, glättet das barocke Detail.
Das Barock wird natürliche Begleitung, Rahmen. Auf den Stilleben
dieser Zeit verdrängen oder verhüllen große gradlinige Flächen den
übernommenen Rahmen. Kein Detail widersetzt sich begrifflicher
Kontrolle, keins bestätigt, daß es Pendulen und dergleichen auf der
Welt gibt. Wie ein Katafalk steht die schwarze Uhr da, eine Muschel
gähnt als Meduse. Aber es ist nichts wie eine richtige brave Pendule
und eine Muschel, wie sie beim Spießer auf der Konsole liegt. Man

starrt eine Tasse, eine Vase aus dem Bon marché an, als würden sie
aus dem Jenseits gereicht. In den Falten hängenden Leinens birgt
sich das Räumliche als dunkle Legende.

Es kommt ihm in dem „Frühstück" nicht auf Arme und Beine,
nicht einmal auf einen einzelnen Menschen an; und nicht ihm, sondern
uns, den Betrachtern; es kann gar nicht darauf ankommen. Vielmehr
auf das Gemeinsame zwischen den Leuten, auf die Art ihres Zusammen-
seins. Das läßt sich von der Wirklichkeit nicht ohne weiteres ablesen.
Wohl gehört es dazu, aber verbunden mit vielerlei Ballast, von dem
es getrennt werden muß. Die Aufgabe bedingt notwendig Zerstückeln
von Formen, die wir ungeteilt zu sehn, zumal zu denken, gewohnt
sind. Cézanne bringt die Teile, die das Gemeinsame ergeben und
zwar im Bilde ergeben, aus denen das bildlich Gemeinsame hervorgeht. Also eine Teilung, aber keine, um zu dem Geschwindschrift-
zeichen des A oder B zu gelangen, sondern um ihre Summe zu fassen,
die über den beiden als höhere Einheit besteht. Der unabweisbare
Gegenstand dieser Synthese kann nur das Räumliche sein, ein Raum
nicht an sich, nicht gesondert faßbar, perspektivisch konstruiert, um
nachher A und B aufzunehmen, sondern der eine Raum, latenter Teil
dieser und keiner andern Gestalten, der nur für ihre Art da ist, sich
aus ihnen, sie aus sich ergänzt.

Die Darstellung solcher Dinge, wenn sie wirklich bis zur Synthese
gelangt, und bei dem frühen Cézanne ist sie nichts anderes, stellt hohe
Ansprüche an die Erfindung und lohnt, wenn sie gelingt. Sie beruht
auf nüchterner Einsicht in die Möglichkeiten des Bildes. Keine der
gelungenen Versuchungen des Antonius aus der ältern Kunst bringt
das Detail der Versuchung. Wo die Realität der Erscheinung versucht
wird, schlägt die Wirkung ins Gegenteil um. Alle Häufungen des
Schreckens auf niederländischen Darstellungen bringen nur Komik
zustande. Gesichte der Extase lassen sich nicht abmalen, nur die
Atmosphäre der Gesichte kann gegeben werden. Flaubert selbst entging nicht der Häufung und vergaß über rauschenden Bildern das
Bild. Cézanne gibt den extatischen Raum. Der grecohafte Heilige in
der Ecke, obwohl die Hauptperson, ist schon fast zu viel[5]. So schön
der Fleck die Farbe ergänzt, für das Bild der Legende ist er ein naiver
Kompromiß von der Art der Zusammenstellung zeitlich getrennter
Begebenheiten, die sich auf Tafeln der Primitiven findet.

Aus dieser Art des Objekts schöpft die Deutung unbegrenzte Möglichkeiten. Manche Bilder der Frühzeit wie das seltsame „Frühstück

im Freien" scheinen Tastversuche, um das darzustellen, was in gewissen Momenten schweigsamen Beisammenseins in den Blicken der Menschen ist. Mich hat das farbenprächtige Mahl aus Fetzen an ein Abendmahl erinnert; an kein gemaltes, überhaupt an nichts Gemachtes; an das Mahl einer Gemeinde irgendwo im nächtlichen Schatten des Waldes. Wie sie da zusammenhockten, müde von der Last der Worte, nur noch lauschend, wurde das Dunkel, in das ihre Gedanken verhüllt waren, leuchtend. Oder war es der Mond, der durch zufällige Öffnungen des Laubes den Schein auf die Gesichter warf und auf das Tuch, das irgendwo über dem Boden wallte?

Cézanne bringt eine nicht gewöhnliche Skepsis. Courbet, Manet sind ihm gute Maler, nie ist besser gemalt worden, doch haben sie nichts erschöpft. Auf ihrem Wege gibt es nur treffende Formen für die Einzelheit. Auch da, wo sie ein Ganzes trafen, war es ein höheres Detail. Sie sprechen ungehemmt, geben, was sie können, aber wissen zu gut, was sie können, um das Notwendige zu wollen. Courbet, Manet haben die holländischen, spanischen und noch andre Formeln verbessert. Was geht uns das an, uns, denen keine Malformel, sondern alles, Erde, Himmel, Welt, jedweder Zusammenhang mit dem Kosmos verloren geht? Manet hat zu seiner Zeit, für seine Zeit allerlei gemacht, war am größten in der „Olympia" und im „Déjeuner sur l'herbe". Das eine ist ein Schema Tizians, das andre ein Schema Raffaels[6]. Rührendes Beginnen, eine Pariserin, die kleine Victoire, als Venus zu drapieren, Flußgötter in Hosen zu stecken; menschlich bedeutsam, Zeichen der Selbstzucht, aber unwirksam. Jeder Versuch, unsre Wirklichkeit in solche Geleise zu bringen, zielt vorbei. Unsre Wirklichkeit ist der tanzende Punkt im Chaos.

Und einen nicht gewöhnlichen Optimismus bringt er: Man kann den tanzenden Punkt im Chaos malen. Gelingt es nicht, soll man überhaupt nicht malen, denn die Kunst ist heute nur dazu da, unsre Vorstellung von der Welt zu sammeln. Das ist vielleicht Courbet, als er den Realismus zu entdecken glaubte, im Traum erschienen, Manet hat es mit seiner Forderung der „Contemporanéité" geahnt. Beide waren zu fix und von ihrer eignen Neuheit zu überrascht, um durch die Schale zum Kern durchzudringen, malten vollendetes Stückwerk. Auf den Kosmos kommt es an. Wenn der Kosmos so zerfetzt ist wie der unsre, wird die Kunst ihn in Fetzen sammeln. Das kann trotzdem schön sein. Man kann damit die Menschheit, den winzigen wachen Teil der Menschheit begeistern, daß sie ergriffen wie vor einem Abendmahl steht. Da es Kunst, Malerei sein soll, kann es immer nur nach den Bedingungen ihrer Materie entstehn; durchaus nicht ohne Konvention; gar manche läßt sich brauchen; alle Erfahrungen der Vorgänger können, müssen helfen. Nur läßt sich nicht alles erhalten. Wenn schon die Syntax als Gerippe bleibt, die Sätze der Alten können nicht bleiben. Wir denken nach gleichen Gesetzen, nur schneller und anders. Der Stein, mit dem sie bauten, hat sich in der Epoche größter Metamorphosen in Teile zerlegt. Es ist zwecklos, das einmal Geteilte und für notwendige Teilung Reife künstlich zusammen zu halten, wie es Staat und Bourgeois überall versuchen.

Enthusiasmus treibt Cézanne, nichts weniger als die Moral der kleinen Leute, denen als letztes Versatzstück die Ehrlichkeit bleibt. Er weiß, es gibt noch Bilder für uns. Wohl fehlt das Behagen der Alten, ihre Söller sind leer. Ich habe keine Hilfe von andern, die mit mir leben, lebe irgendwo. Mein Glück fließt nicht aus dem Brunnen am Markt, ist selten, aber mir kommen Seligkeiten, die kein Behagen geträumt hat. Ich wandle auf schlechtem Pflaster, schleppe Lasten, mein Schritt schleicht, die Kniee beben mir, aber ich tanze.

Vielleicht ein Kranker, Verbrecher, Abenteurer. Wer von den Fischern am Teiche des Chaos, Politiker, Philosophen, Erwerbsleute, Soldaten, sah bei der Handlung anders aus? Er tut, was er muß. Noch steht er unter dem Knebel seiner Gesichte, schwankt unter schwerer Trächtigkeit, tappt einseitig, plump. Doch treibt sein Muß auch uns, sein Knebel ist unser, seine Einseitigkeit Folge gemeinsamen Schicksals.

Er malt, wie wir leben müßten. Ich habe, sagt er, keine Natur außer der, die ich brauchen kann. Das sei wenig, sagt Ihr, die ewig Gleichen, die Ihr am Menschen immer nur einen Arm, ein Bein, eine Nase seht und Euch die Welt aus solchen Dingen zusammengesetzt vorstellt. Ich kenne die Welt zwischen diesen Dingen, die Ausschnitte zwischen Arm und Bein, auf die Ihr nicht achtet, zwischen dem Schädel eines Menschen vorn und dem Profil oder der Jacke des andern schräg hinter ihm. Da ist noch was. Ich sehe Pathos in Leuten, die gar nicht daran denken, in Weibern, die sich feist im Grase wälzen, wo das Fleisch im Grün wie fette Lache läuft und von eurer Anatomie nur der Abdruck des Gesäßes im Rasen zurückbleibt. Ihr seht es geradeso, aber findet es nicht würdig genug. Vielleicht ist das, was ihr ernst nehmt, längst komisch, und das, was ihr komisch nennt, für mich blutiger Ernst. Und schließlich gibt es überhaupt nichts dergleichen in der Natur. Wenn ich in Aix dem Gevatter Bonnier mit seinem Zumpelbauch begegne, hindert mich am Lachen die Einsicht, daß der Zumpelbauch einem braven Mann gehört, der jetzt Gerichtspräsident ist. Außerdem kenne ich ihn seit Jahren. Mein Lachen wäre unpassend und dumm. Nun wimmelt es von solchen Zumpelbäuchen, und es ist nicht einzusehn, warum man im Bilde komisch findet, was uns draußen sehr würdig erscheint. Ganz abgesehn von Rubens, der sogar Heiligenbilder daraus gemacht hat. Voraussetzung natürlich, daß ich nicht so einfältig bin, meine Bilder nur deshalb zu malen. Ich mache aus solchen Bäuchen Bilder von der Pracht der Limousiner Emails, über deren komische Heilige keinem einfällt zu lachen, mache neue Formen daraus, behäbig und rund, und was ich euch dabei zuviel an Bauch zumute, sorgt für die Zeremonie meiner Handlung. Dies nur als Beispiel. Ihr ahnt nicht, wo überall der Zumpelbauch hingehört.

Das Pathos bliebe unwirksam, weil unverständlich, wenn es nur von der Kraft des Urhebers gesagt würde, nur Äußerung der Person wäre. Es war die Ahnung von Zusammenhängen dieser ungewohnten Form mit längst gesicherten Besitztümern unsrer Sprache, was uns zur Deutung trieb. Aus der Ahnung ist inzwischen Gewißheit geworden. Damit meine ich nicht die Anklänge Cézannes an französisches Schmelzwerk oder die Gestalten Delfter oder früher italienischer Teller, denn sie bestätigen nur die ornamentale Seite, sagen nichts von der Gültigkeit des menschlichen Bekenntnisses, von dem geistigen Gehalt des Ausdrucks. Wir lachen nicht über die Heiligen der Limousiner Schreine, aber es fällt ebensowenig jemandem ein, aus ihnen Erbauung zu gewinnen. Vielmehr meine ich die seltsamern Anklänge an die Art eines großen Menschen, der für seine höchstpersönliche Erbauung einen die Formen seiner Zeit weit überbietenden Ausdruck erfand.

# IV.

Cézanne ist uns vertrauter geworden, seitdem wir Greco näher gekommen sind. Wenn man glaubt, ebenso gut sagen zu können, Greco sei uns seit Cézanne verständlich geworden, überschätzt man eine Wechselwirkung, die nur von aktuellen Zuständen den Schein größerer Bedeutung empfängt. Eine gewisse Wechselwirkung besteht. Auch Cézanne erfüllt auf seine Art den hohen Beruf seiner Generation, mit dem Neuen gesteigerte Fühlung mit dem Alten zu bringen. Aber es wäre gedankenlos, die Art von Erfüllung mit der Wirkung eines Courbet, Manet, Renoir gleichzustellen oder gar von einer Vollendung Grecos durch Cézanne zu reden. Der Historiker findet mit Recht in den Formen des letzten Greco, von denen auf Cézannes Teilnahme geschlossen werden könnte, die Frucht einer Entwicklung, die bei dem Schüler oder Genossen Tintorettos beginnt und vom ersten bis zum letzten Bilde organisch fortschreitet. Die Einsicht in diesen Organismus gibt alle Erklärungen, deren wir für Greco bedürfen. Auch ist Greco nicht, wie etwa Velasquez von Manet, von Cézanne verbessert worden. Alles Malformelmäßige bleibt draußen. Dagegen bedeutet die Hinnahme des frühen Cézanne ohne jede Beziehung zu Greco eine Toleranz, die nicht wenig von der Gleichgültigkeit unsrer Zeit gegen alle Forderungen der Übereinkunft getrübt wird. In Wahrheit schätzt man den frühen Cézanne, weil die Bilder des spätern gut bezahlt werden.

Grecos Wege wurden von einer Vorstellung bestimmt, die in der Natur nur Stützen für Erhöhung der Vision, nicht für die Wahrscheinlichkeit suchte. Er ist vor Poussin und Rubens der einzige Seher mit

eigenem Auge, für den es keinen Dualismus von irdischer und himmlischer Liebe gibt. Der Erdgeruch des Motivs, der Tizian belastet,
weicht dem Duft verklärter Erscheinung, und die Erscheinung ist
sachlicher als Tizians Naturalismus, weil noch organischer den Möglichkeiten der Malerei angepaßt. Das Übersinnliche des Mystikers
löst aus der Farbe blühende Sinnlichkeit. Er macht Bildnisse und
schafft einen bildhaften Typ der Menschheit. Kein Strich auf der
Leinwand scheint eines andern Zweckes wegen da. Diese Bildnisse
werden Dokumente der besondern Art eines besondern Volkes, objektive Abbildungen, aus denen man die Geistesart des Spaniens der Wendezeit ablesen zu können glaubt, und diese Abbildungen sind gleichzeitig
reinste Malerei. Seine Malerei steht da am höchsten, wo das Objekt
restlos wiedergegeben ist. Der Schritt von dem Kardinal Guevara in
der prunkvollen Kulisse Venedigs zu dem Diego Covarrubias ist dem
Fluge eines Adlers vergleichlich, der von der höchsten Bergspitze in
den Himmel steigt.

Der Trennung von dem Naturalismus Tizians folgt notwendig der
Bruch mit dem Schema der Komposition. Schon Tintoretto hat damit begonnen, um besser dekorieren zu können. Grecos Fortschritt
läßt den weiten Weg von Tizian zu Tintoretto verschwinden. Er
lockert die gewohnte Symmetrie, zerstört sie schließlich, und in der
neuen Komposition scheinen alle alten Faktoren der Statik durch
Elemente einer neuen Dynamik ersetzt. Wieder ein Weg von Höhe
zu Höhe. Im „Begräbnis des Orgaz" trägt noch das System von Horizontalen und Vertikalen den überirdischen Baldachin, und die Abweichungen von dem Schema scheinen nur dazu da, um es mächtiger
zu entfalten. „Das Gastmahl im Hause Simons" ist noch ein Rund,
ein Rund aus züngelnden Lichtern in einer durchbrochenen Glocke.
In dem „Christ auf dem Ölberg" formt sich bereits das Bild aus übereinander stürzenden Wogen, und die Reste des alten Baus treiben wie
Schifftrümmer herum. In der „Apokalypse" ragt das Nackte als Gespenstererscheinung empor, noch immer von einer Senkrechten auf
einer Wagerechten unsichtbar gestützt, aber aus der Kopfreihe des „Begräbnisses", aus der Kerzenreihe des „Pfingstfestes"[7], aus den Lichtern
des „Gastmahls" sind Flammen, entflammte Geister geworden, und der
alles überragende Johannes schwält wie eine Feuersäule. Der „Laokoon" sammelt den Gewinn aus dem Chaos und formt die lodernde
Dynamik. Die Wucht, vorher ein Sturm auf begrenzter Ebene, wallt
in den Raum. Von Anfang bis zu Ende eine ständige Steigerung

28

der Abstraktion, Bereichern durch Vereinfachung. Laokoon und seine Söhne waren einst die Wächter auf der „Auferstehung"[8] und noch früher die strahlenden Gestalten der Mauritius-Legende. Damals lockte den Maler noch das bunte Vielerlei volkstümlicher Märchen. Im „Mauritius" reizte ihn die Pracht der Gruppen, und der flimmernde Zug von Menschen hemmte den Rhythmus. Das Schwelgen im kostbaren Detail fand kein Ende, der Bildnismaler stand gegen die Legende, die Legende gegen die Vision. Die „Auferstehung" löst glänzend das Problem, eine bewegte Fülle in engsten Rahmen zu pressen, aber reißt den Betrachter mit in den Schlund von Körpern. Man gelangt zu keinem vollkommenen Ausgleich der Dynamik und befreit sich nicht ganz von dem Experimentellen der Komposition. Der formale Zusammenhang des aufsteigenden Christus mit den fortgeschleuderten Gestalten überzeugt den Gläubigen tiefer als den Künstler. Erst im „Laokoon" findet der Rhythmus genügend Platz. Eine einzige Arabeske, Filigran aus Leibern, kolossal wie ein Triumphbogen, steht vor der ruhenden Stadt. Der Sohn mit der im Bogen geschwungenen Schlange hat nicht die Dämonie des Johannes der Apokalypse, dafür einen ganz andern Anteil an der Schwingung der ganzen Gruppe, und die Gruppe hat ganz andern Anteil am Bilde. Nicht wir müssen den Anprall der Dynamik aushalten, wenigstens wir nicht allein. Das Bild fängt ihn auf, läßt ihn in den Hintergrund wallen, in Klängen, deren Echo noch den Zug der Wolken bestimmt. Man begreift, daß dieser letzte Grieche an den Ersatz der Laokoon-Tragödie des Sophokles denken durfte.

Noch bleibt der Schlußstein. Der „Mauritius" steht zur „Apokalypse" wie Gebärde zu Erlebnis; die „Apokalypse" zu dem „Laokoon" wie Schrei zu Musik; und der „Laokoon" zu der „Toledo-Landschaft" wie die dramatische Oper zur Symphonie.

„Toledo", eine Landschaft, ist Grecos Rundsicht über sein Leben in dieser seiner Stadt. Das Objektive ergibt sich nicht aus einer mehr oder weniger überzeugenden Übereinstimmung mit dem alten Stadtbild. Keiner von uns war dort. Sondern aus der Verwirklichung des Raums als Organismus. Der Raum ist nicht wie im Laokoon Platz, Resonanz für einen Vorgang, sondern selbst Vorgang, Gefäß für das eigne durchrieselte Dasein, die Gemeinde von Strauch, Baum, Gras, Gemäuer, Himmel. Das glaubt jeder von uns schon einmal erlebt zu haben, auch wenn er es noch nie gesehn hat. Wir könnten uns auf dem nur von Licht bevölkerten Hügel im Hintergrund leicht ein

Golgatha denken. Vielleicht war eins da. Doch entbehren wir es nicht; ja, es kann geschehn, daß uns diese von keinem Drama berührte Natur teurer wird als alles Frühere, weil keins der Dramen, selbst nicht der Laokoon, so vollkommen in den Kosmos des Visionärs aufging wie hier Baum und Strauch und glitzerndes Gemäuer. Das Drama blieb auch nach allen Säuberungen ein Gedicht im Gedichte, Hemmung im Fluß der Erscheinung, ein Fremdkörper, der nicht bis auf den letzten Rest überwunden werden konnte. Der Verzicht ist das Moderne und das Gute daran und eine leidenschaftlich positive Tat. Alle Begriffe büßen in dem Bilde an Relief ein, alle gewinnen ganz unverhältnismäßig an Tiefe. Das Barock, das die Helden andrer Bilder vor Grauen und Verzückung flammen läßt, scheint hier nicht nur organischer, sondern mächtiger, wo es von der Oberfläche verschwindet und als geheimer Held in der Erde wirkt, muntere Flüsse treibt, Brücken baut, Täler höhlt, Hügel rundet, sich in Licht und Schatten löst und kaum vernehmbar das Pathos grüner Gräser redet.

So endet der Mystiker. Er hat alle Geheimnisse des Baldachins erkundet, mit Geistern gelebt, von Engeln die Tropfen des Heilands in gleissenden Bechern empfangen. Das größte Wunder, sagt er zum Schluß, ist: ich lebe.

Von dieser letzten Frucht einer Entwicklung, die so erhaben ist wie die Werke, aus denen sie hervorgeht, führt der Weg zu Cézanne, zumal zu dem schwarzen Cézanne der Frühzeit, aber auch ein gutes Stück darüber hinaus. Das Spiel von Licht und Schatten, das die Gestalten im „Laokoon" malerisch bestimmt, ist in den drei Jahrhunderten noch ein Stück weiter gegangen, hat noch mehr Fleisch und Detail aufgesaugt und die Gegensätze verschärft, und in der Art des Gefüges erkennt man dasselbe Barock. Alles das ist gewohnte Entwicklungsgeschichte. Nachdem Courbet die Farben Zurbarans, Manet die Velasquez' und Goyas revidiert hatte, lag für den Größten des Kreises nichts näher, als an die Untersuchung des größten Spaniers zu gehn. Aber es handelt sich nicht um dergleichen. Eine Revision ist ausgeschlossen, da nicht einmal feststeht, ob Cézanne Greco gekannt hat. Die Beziehung liegt tiefer. Courbets vorweltliche Anschauung hatte nichts von der Vornehmheit Zurbarans; das Parisertum Manets nichts von Velasquez, noch weniger von der Derbheit Goyas. Wir sind seit langem gewohnt, den Pinsel ohne den Menschen, der ihn führt, zu betrachten, und wundern uns daher über keine Inkohärenz moderner Entwicklungsprodukte. Manet griff das Spanische

auf, weil es farbig war, und dann Velasquez und Goya, weil sie das
Farbige bestätigten. Auf seinem Weg durch die Welt, einer Studien-
reise durch die Zivilisation, hielt er in Spanien; ein Weltreisender guter
Art, der sich komfortabel in einem Hotel einrichtet. Soviel er und
wir dabei gewonnen haben, seine Hinterlassenschaft verschweigt nicht
die Improvisation der Methode.

Cézanne ist für Greco geboren. Das Verhältnis bedeutet die phäno-
menale Zusammenkunft gleicher Anschauungen vom Wesen der Dinge,
eine Gleichheit der schöpferischen Triebe, die kein Unterschied der
Zeiten, Rassen, Lokale wesentlich verdunkelt. Der Maler Cézanne
hat weniger damit zu tun als der Künstler, der Künstler weniger als
der Mensch. Sobald Greco der Schule entwächst, kennt er nur ein
Ziel: die Heimat, die der Mann aus Kreta verlor, in der Kunst wieder-
zufinden. Für Gott und die andern, hieß es bei den Primitiven; für
die andern und sich selbst, hieß es in Venedig, und den Teil für sich
selbst bestimmte der gute Wille der Zuschauer. Greco, ein Heide, der
ein Frühchristentum gründete, befreit sich von den andern und findet
die Stimme Gottes in sich selbst. Sein Abfall, unerhört für einen
Künstler aus dem sechzehnten Jahrhundert, ebenso unerhört für einen
Gläubigen der Kirche unter der spanischen Inquisition; eine Ketzerei,
die nur von besonderm Schicksal empfangen, nur nach hartem Ge-
wissenskampf erfüllt, nur im Schatten religiöser Askese geduldet werden
konnte, wird Cézannes natürliche Mitgift. Er weiß von der Kunst im
Grunde nur das Ziel des verzückten Griechen und tut so, als sei es
Malerei, Beruf. Das Ziel treibt Greco zu immer stärkern Dissonanzen.
Die Trennung von den andern preßt ihm Schreie ab. Cézanne beginnt
mit grellem Mißton, und die Dissonanz mildert sich mit der Reife.
Das Anschwellen hier, das Abschwellen dort, ist Ausdruck derselben
Regung, die geträumte Heimat zu festigen und zu heiligen.

Die Malerei hat seit Greco viele Stationen durchlaufen, die Persönlichkeit viele Freiheiten erlebt. Längst wurde dem Künstler Befehl
der Not, was zu Grecos Zeit wahner Eigendünkel sein konnte. Er kann
nichts für die andern, denn die andern wollen nichts. Und noch immer
ist die Tat aus solcher Einsicht, die unerbittliche Einstellung auf die
heimliche Heimat so selten, daß Cézanne wiederum wie ein Ketzer,
sein Werk wiederum wie Anomalie erscheint, und man nur in einem
Griechen, der dreihundert Jahre vorher in Toledo wirkte, den Halt
für eine Erklärung findet. Neben der Diskrepanz zwischen seinem Auftreten und seiner Mitwelt, scheint die Verwandtschaft mit Greco so

nah, daß man meint, er habe wie der Grieche gemalt, ja, die beiden
seien einmal irgendwo und wie zusammen gewesen. Die Unterschiede
beruhen viel weniger auf der Verschiedenheit zwischen der Geisteswelt
eines Kirchenmalers Philipps II. und der eines Schulgenossen Zolas
als auf zufälligen Gegebenheiten der Temperamente.

Zu dieser mystischen Verwandtschaft gehört der Zweifel, ob Cézanne
jemals Werke des Vorgängers mit eignen Augen sah[9].

## V.

Die Zeit des dunkeln Barocks reicht etwa von 1868 bis 1872 und
ist nichts weniger als besonders fruchtbar gewesen, wie ja überhaupt
Cézanne, trotzdem er nur arbeitete, in seinem ganzen Leben nicht so
viel produziert hat wie Renoir in einem Jahrzehnt. Keins der Bilder,
für den Analphabeten ein paar Fetzen, ist spontan entstanden. Ähn-
lich wie Marées erreicht er nur mit zahllosen Übermalungen die Re-
duktion des Vorgangs auf die letzten Gerüste[10]. Er hat sich die Fetzen
langsam aus dem Leibe gerissen.

1873 und 1874 ist Cézanne in Auvers sur Oise bei Paris und findet
dort Pissarro und Guillaumin wieder. Vorher in Paris hat er Renoir,
dann Manet gefunden. Sie übermitteln ihm die ersten Ergebnisse des
Impressionismus. Die Welt, in der er bis dahin gelebt hat, stürzt wie
ein Kartenhaus zusammen. Mit unsern gewohnten Vorstellungen vom
Wesen der Persönlichkeit geht es geradeso. Die Ferne zwischen dem
Anfänger und seinen Zeitgenossen ist nicht größer als die zwischen
dem Cézanne des schwarzen Barocks und dem in Auvers. Die Ver-
blüffung des Betrachters, wenn es einen gegeben hätte, wäre noch größer gewesen. Die Bilder der Monet, Renoir, Pissarro und der andern
werden in den siebziger Jahren heller, und die von Cézanne werden
auch heller. Das Auch gilt ebenso gut von dem eleganten Neger, der
auch ein Plastron anhat wie die andern Tänzer. Schließlich war für
alle andern ohne Ausnahme der Übergang zu der Formel Monets ein
örtlich, zeitlich wohlbegründeter Wechsel; nicht einmal ein Wechsel,
eigentlich nur eine Folge. Sie waren schon Impressionisten, bevor sie

sich so nannten, nur nicht mit Logik und Konsequenz, waren schon
längst als Erben der Landschafter von Fontainebleau und der Constable und Turner, als überzeugte Schüler Courbets, überhaupt als Landschafter mit Augen auf die Folge eingestellt. Diese nötigte sie zu keinen unerschwinglichen Komplikationen geistiger Art, sondern zu einer Änderung der Palette. Im übrigen handelte es sich darum, den Kopf etwas höher zu heben und mit den Augen zu blinzeln. Cézanne war vorher, wenn er überhaupt etwas war, alles andere: Romantiker, Mystiker, vor allem zeitlos und ohne Mitwelt, Genosse des toten Mannes in Toledo. Er wird genau so ein Landschafter wie Pissarro, Mitglied einer genau bestimmten Gemeinde mit scharf umrissenem, ultramodernem Programm, und zwar unter dem ganz unverkennbaren Einfluß der Leute. Er folgt Pissarro mit demselben Gehorsam, den er zehn Jahre vorher seinem Vater entgegenbrachte. Wäre der Vater energischer und die Mutter weniger zärtlich gewesen, säße er noch heute im Bankhaus. Fleißig und mit Geduld geht er zwei Jahre lang den Weg der Gemeinde, sieht auf Bäume und Äcker mit Augen, die nie ein inneres Erlebnis getrübt hat, sieht alles für die andern Sichtbare, sieht es schärfer und nüchterner, mit einer Empfindlichkeit für Lichtunterschiede, die Pissarro entgehn, mit einer Sachlichkeit, der das Spiel des jungen Monet, der lyrische Hang Renoirs schon zu viel sind. Die Landschaften bei seinem Freunde Dr. Gachet[11] in Auvers kamen den Pissarros, die daneben hingen, sehr nahe, und nur ein gut gedrilltes Auge erkannte den Unterschied, einen Unterschied der Qualität bei gleichem Muster. Sie sind reicher an Ton. Durch Schleier deuten sie auf den viel später entstandenen Meister der Landschaft. Von dem frühern haben sie nicht ein Atom.

Diese Zeit in Auvers ist die einzige, mit andern gemeinsame, Schule Cézannes. Nach dem zweiten Sommer hat er sie hinter sich und besitzt, was sie geben kann, die Praxis des Freilichts. Die Hand kann niederschreiben, was das Auge erfaßt. Dann geht er hin und beginnt ein neues Kapitel.

## VI.

Es gab eine Zeit, wo ein gemalter Sonnenfleck den Gläubigen zu
einer Hymne auf die Gegenwart stimmte. Die Manufaktur der Mit-
läufer und die Manufaktur Monets selbst und seines engern Kreises
haben schnell mit seinem Rezept aufgeräumt und mit dem Rezept
auch den brauchbaren Kern zerrieben. Das Mittel erwies sich als
Zweck noch gefährlicher als andre, ins Absolute erhobne Relativitäten,
weil die Grenzen seiner Gültigkeit von dem unbegrenzten Horizont
des Gebiets, aus dem es stammt, verwischt wurden. Die freie Natur
hindert keinen Trachter, Entdeckertum mit Erfindung zu verwechseln.

Der Irrtum kostete die meisten Impressionisten das Beste, trieb
Monet in das schillernde Nichts, hinderte Pissarro, Sisley, Guillaumin
an wesentlicher Entwicklung, gefährdete Manet. Renoir und Cézanne
scheinen sich einen Augenblick aller Eigenart zu entkleiden und wan-
deln wie Leute ohne Schatten. Beide gehn schließlich mit ab-
solut erhöhten Werten aus der Metamorphose hervor und bestätigen
den brauchbaren Kern. Cézanne, den die Neuheit am wenigsten vorbereitet traf, besteht sie am glücklichsten.

Er verläßt die Kameraden im besten Augenblick des Impressionismus, als Corot noch für Monet und Pissarro da war, und sich die Lyrik
der Naturschwärmer und ihr Drang nach Licht im Gleichgewicht
hielten. Dieses höchste Niveau nimmt er zum Sprungbrett seines
Aufstiegs, fängt da an, wo die andern aufhören, und macht es in seinem
Kreise genau so wie ein Jahrzehnt vorher sein deutscher Vetter in

einem andern. Die Kongruenz mit Marées ist vollkommen, und die Bedeutung der Repräsentanten reduziert den Unterschied auf ein Hell und Dunkel. Cézanne wird durch das Pariser Hell aus seiner Bahn gerissen und neu bestimmt, der junge Schüler Steffecks durch das altmeisterliche Dunkel Münchens. Beide erklimmen schnell die Leiter der neuen Schule und nehmen eine ihren Zwecken geeignete Vereinfachung der Theorie mit in die Einsamkeit, eine „Fleckentheorie." Sie verhindert, daß der Abgrund zwischen ihrer neuen Bahn und der Schule zu groß wird. Marées gewinnt aus seinen Flecken die Bausteine des Monuments. Das Schleißheimer Gedicht wird zum Pathos, der virtuose Nachahmer der Alten zum Bildner einer eignen Welt, auf deren Wände sich die überlieferten Werte in Kristallen niederschlagen. Das reinste Bekenntnis zu Rembrandt ist das letzte Bekenntnis zu sich selbst. Cézannes Gebahren ist nicht so faustisch. Sein Galliertum duldet keine dunkeln Wege zur Verallgemeinerung. Er vollzieht nicht weniger den Schritt von der Schultheorie zum Universum, in dem sich das Frühere vergeistigt und erhöht zusammenfindet. Aus den Sackgassen der andern baut er wie Marées die breite Bahn von allgemeiner Gültigkeit. Er erlebt noch, glücklicher als Marées, die dankbare Huldigung der besten jungen Künstler seines Landes. Der Tod erspart ihm die Genugtuung, zu dem Schlagwort in allen Ländern zu werden und seine freie Doktrin wieder in engen Schulbegriff verwandelt zu sehn.

Cézanne hat neben Marées die Vorteile und Nachteile seines Landes. Erstens ist er, zumal während der nächsten Phase, nicht so isoliert wie der Deutsche in Rom. Die Genossen der Gegenwart arbeiten bis zu einem gewissen Grade mit und machen ihm, wenn nichts anderes, mindestens die Irrtümer so drastisch wie möglich vor. Zweitens fühlt er sich nicht so isoliert. Wir sehn ihn allein, er sah sich, wenigstens in der nächsten Zeit, nicht so. Daher eine nicht ständig so hoch gespannte Verantwortung wie das Bewußtsein des Deutschen, für den es in Rom nicht mehr Bilder, sondern immer nur das Bild gab, das einzige ganz vollkommene, das Sakrament. Erst im letzten Jahrzehnt wird diese exemplarische Strenge auch dem Franzosen vertraut, aber auch dann noch, als er nur auf die Ausbildung seiner Doktrin erpicht war, schützte ihn der Mangel an Intellektualismus. Daher fehlt dem Reichtum seiner Entwicklung die starke Höhendifferenz. Die zahlreichen Krümmungen versagen die übersichtliche Kurve. Dem einen großen Einschnitt, dem Bruch mit dem schwarzen Barock, folgen noch drei entscheidende

40

Wendungen, aber die Symptome liegen versteckt. Es kommt zu keiner
Maréesschen Pyramide und zu keinem Schlußstein.

Daher muß ein Vergleich, der die Differenz der Kulturen übersieht,
das Urteil trüben. Auch einem Delacroix, einem Rubens, einem Michelangelo würde das gleiche Kriterium nicht gerecht. Die Franzosen
haben keinen Marées, könnten aber mit ihm keinen Cézanne ersetzen.
Über das Menschliche außerhalb des Kunstwerks hat die Rede über
Kunst nichts zu sagen. Die Würdigung des persönlichen Kraftauf-
wands läßt den Wert einer Leistung für das Universum unberührt.

Gleich die nächste und übernächste Folge nach dem starken Ein-
schnitt in der Laufbahn Cézannes verführt zur Unterschätzung. Die
Dynamik der schwarzen Barockwerke mußte, sagt man sich, zu einer
Ausbildung des Monumentalen, zum Beispiel zum Fresko führen.
Cézanne kehrt die Richtung ins Gegenteil um. Infolgedessen erscheinen
dem oberflächlichen Blick die Stationen des Maréesschen Weges in
umgekehrter Reihenfolge; also eine Entwicklung vom Großen ins
Kleine. Aber dieses Klein-und-Groß ist kein sicherer Maßstab, das
Fresko kein absolutes Ziel. Das Monument eines Marées, der höchste
Ausgleich seiner Person mit dem Gesetz, ist vorbildlich als ideale Ver-
geistigung dieses Menschen, nicht der einzige Weg zur Vergeistigung,
im Gegenteil der am wenigsten geeignete. Nur Marées' einzigartiger
Tastsinn konnte durch das Labyrinth von Gefahren gedankenblasser
Abstraktion glücklich zum Ziele finden. Cézanne nähert sich dem
Formengang Grecos, der mit einer Landschaft schloß und mit dieser,
von allen kompakten Stilbegriffen erlösten, Dichtung nicht weniger
endgültig demonstrierte als Marées mit seinen Triptychen. Er geht
von einer voreilig geschlossenen Form zu einer losern über. Es fragt
sich, was die neue Helligkeit aus dem visionären Raum macht, den
das Frühwerk gewann. Der Raum tritt auf eine Weile zurück. Zunächst scheint es Cézanne auf Ausstattung der in Auvers gewonnenen
Natur anzukommen, Ausstattung mit allen Reizen, an die vorher
nicht gedacht werden konnte. Der Reichtum ist so berückend, daß
keiner sich der kaum formulierten Träume des jungen Cézanne erinnert. Er selbst vergißt sich, froh des neuen Schaffens, das von außen
nach innen zu gehn scheint, während er es sich früher qualvoll aus
dem Innern herausriß. Blumen von phantastischer Pracht drängen
das Raumideal in den Hintergrund. Dort aber bleibt es. Verborgen
unter Kränzen lebt es weiter, wie Marées' größte Sehnsucht unter
Freuden andrer Art verschwand, aber als unterirdischer Strom weiter-

wirkte, um an andrer Stelle unvorhergesehn die Oberfläche zu durchbrechen und mit gedoppelter Kraft zum Ziel zu steuern.

Sofort nach Auvers erweitert sich die Produktion nach vielen Richtungen und nimmt alle Gattungen von Motiven auf, Bildnisse und Figürliches, Landschaften mit Staffage, reichste Stilleben. Die Palette, die in Auvers das Grau verhüllte, befreit sich von dem schmutzigen Ton, und der Pinsel schleift die Farbe zu Strahlen. Das Bildhafte ächzt nicht wie in der dunkeln Zeit, sondern jubelt, befreit von dem Knebel. Eine Natur von der Vitalität Manets, aber neben Manet immer noch von einer visionären Kraft beseelt, die alles Greifbare ausschließt. Der Auftrag, nicht mehr so voll von Pigment wie in den schwarzen Barockbildern, doch pastoser als in Auvers, von körniger Derbheit.

Damals ist der größte Teil des ganzen Oeuvre entstanden. Zeitlich läßt sich diese fruchtbarste Periode nicht genau begrenzen. Sie ragt bis tief in die achtziger Jahre hinein. Noch schwieriger ist bei der Fülle eine ganz zutreffende Bestimmung des Inhalts. Verglichen mit den monumentalen Frühwerken, ist ihr ein spezifisch dekorativer Wert eigentümlich und, natürlich, eine ganz andre Stofflichkeit, viel nähere Beziehung zu der Natur. Das Dekorative bestimmt Verhältnis und geschmeidiges Gefüge der Massen, regelt den Tanz farbiger Flecken, wählt die Pläne in der weiten Provencer Landschaft, sammelt die Massen in den Legenden unter Bäumen und webt den Gobelin der Stilleben. Um die erleichterten Massen architektonisch zu gliedern, wird das Motiv zentral geordnet, und damit entfernt sich Cézanne entscheidend von der neuen Landschafterschule und nähert sich der alten Tradition. Sehr oft begrenzen zwei Bäume rechts und links, nahe dem Rahmen, den Vordergrund. Den bewegt eine Gruppe. In dem schönen Bild bei den Bernheims in Paris sind es Schnitter. Dann kommt, ein wenig schräg angelegt, der zweite Plan mit flimmerndem Getreide, und den Hintergrund bildet Hügelgelände mit der Kirche auf dem runden Berg. Oft, zum Beispiel in der Provencer Landschaft der Sammlung Reber in München, bilden die Zweige der rahmenden Bäume noch ein Blätterdach und begrenzen auch die Höhe. Oder der Fluß wird in der Mitte des Bildes von dem Bogen der Brücke überdeckt, und beide Ufer sind Kulissen von Wald. Oder die weiße Villa liegt am Ende des Sees, wieder in der Mittellinie. — Erzählt, klingt es wie Theater, und man kann nie sagen, wie sehr es Theater ist, wie jeder Zweig, jedes Blatt und das Chlorophyll im Blatte mitspielt, tanzt und redet. In andern Stücken von weitester Perspektive findet der Blick das Zentrum, ohne daß eins da ist. Kaum merkbare Hebungen und Senkungen der Ebene, kleine architektonische Details deuten die Pläne. Schräg ziehn Wege ihre Parallelogramme, und hinten, ganz in der Ferne laufen die Bogen einer antiken Wasserleitung die Hügel entlang. Schließt man das Auge, so gleitet der Blick noch weiter; die strahlende Provence mündet in die Campagna Poussins hinein, und dann hat man die ganze Perspektive der Bühne. Provence und Cézanne sind immer wieder da, sobald man die Lider öffnet, mit aller Sachlichkeit der Topographie, die, wohlverstanden, diesem und keinem andern Fleck Erde eigen ist. Auch das gehört zum Theater. Der Anarchist ist sich damals schwerlich seines ganzen Reichtums an Hintergründen bewußt gewesen. Der Anarchist ist mehr Franzose als Courbet, Manet und Monet, sogar in weiterm Umfang Franzose als Renoir, der sich vergleichsweise mehr zu dem Dix-huitième bekennt. Cézanne umfaßt auch diese Tradition nebst allen andern.

Bewußter wird das Traditionelle in seltenen Kleinodien von der Art der dekorativen Panneaux aus der alten Sammlung Choquet, die jetzt bei den Bernheims hängen; das eine mit einer krausen Barock-Fontäne, bespickt mit kostbaren Figürchen; das Pendant eine Bade-szene. Wie Märchen klingt die Erinnerung an den verkrümelten Brotkugel-Stil, aus dem dieses Rokoko hervorging. Der Reiz des unverhüllt dekorativen Spiels ist die diminutive Form des üppigen Barocks und der instinktmäßig gefundene Zusammenklang indivi-dueller Pinselführung mit dem von außen gegebenen Ornament des Objekts. Die Improvisation ziseliert die Figürchen aus demselben fein-maschigen Stoff, der die Atmosphäre der Landschaft trägt, und macht aus den reichen Details substantieller Dinge Zieraten des Raums[12]. Es ist die Methode des schwarzen Mystikers auf eine andre Art. Zu einer schwerer geschürzten Tanzart gehört die Gruppe von Bildern um den „Mardi gras" von 1888, deren Hauptwerk Stchoukine in Moskau be-sitzt, Pierrot und Harlekin vor dem pompösen Vorhang: ein großartig vereinfachter, großartig übertragener Watteau[13]. Will man die ganze Bühne von dieser Seite überblicken, so gehe man vor die Landschaft mit dem „Bahndurchstich" der Münchener Pinakothek, ein Durch-stich des Monuments durch die Dekoration. Die Erinnerung an Poussin hilft uns nur wenig bei der Deutung dieser gebärdenlosen Würde. Wir sind hier sicher den schwarzen Brotkugeln der ersten Zeit am fernsten und dem visionären Raum, der in dem plumpen Zeug geahnt wurde, am nächsten.

Der Maler dieser Periode ist in dem Selbstbildnis der Sammlung Theo Behrens. Nichts weniger als ein Lyriker, kein Träumer aus der Campagna, immer wieder ein Dramatiker aus nächster Nähe Rembrandts. Man begreift nicht, wie in diese ungeheuere Wölbung auch der Sinn für Anmut hineinkam, und vergißt ihn. Das Dekorative verlöscht im Schatten dieser Menschlichkeit.

Die Periode hat alles: gewählte Sinnlichkeit, gewählten Geist und Geschmack, unverwüstliche Natur, Spiel, Ernst und Tanz. Nur eins fehlt: der Impressionismus. Es sei denn, man wolle eine Fleckentheorie, die schöne Farben verwendet, so nennen. Nichts von einer analysierenden Betrachtung, die das empfangende Auge zum Objekt macht, nichts von physiologischer Lehre. Der mit andern gemeinsame Weg, der in Auvers begann, mündet in eine größere Gemeinde. Wenn man aus Freude über den Besitz ihn zu der Moderne rechnet, geschieht es mit demselben Reservat, mit dem wir die schönsten Werke der Courbet und Manet modern nennen. Mit gleichem Recht zählen wir sie zu den alten Meistern.

Wieder besinnt sich Cézanne. Er war es, der in Sturm und Drang von alten Göttern abfiel und für die neue Zeit neue Form verlangte. Die hatte ihm Manets Lehre versprochen, deshalb war er nach Auvers in die Natur gegangen, hatte sich von Greco losgesagt. Statt des einen Grecos sind deren viele geworden. Sie haben ihn nicht gehemmt, er wurde der große Maler, und fern ist ihm der Eigendünkel, über die Erhabenen wie über Leichen zu gehn. Aber prägt sich wirklich sein Gefühl von seiner Zeit, gegen seine Zeit, gültig in satte Farben, in Rokoko und Idyllen? Schwankt nicht sein Arkadien zwischen allen möglichen Spielarten? Nichts lockt ihn weniger, als die Welt mit Gebärden zu beschwören. Er will sie nicht verspotten, noch sie belehren. Nur auf das Bekenntnis vor sich selbst kommt es an, und das kann nichts andres als Form, unerbittliche Form sein. Wohl hat schon jedes Bild für hohe Ansprüche Form genug. Aber diese Ansprüche rechnen nach Normen, die für Amateure, nicht für ihn Geltung haben. Aus alledem muß ein andres, gesammelte Eigenheit, höchste Verallgemeinerung werden. — Da wendet sich Cézanne noch einmal und findet; wenn man will, kann man den Fund seinen Impressionismus nennen.

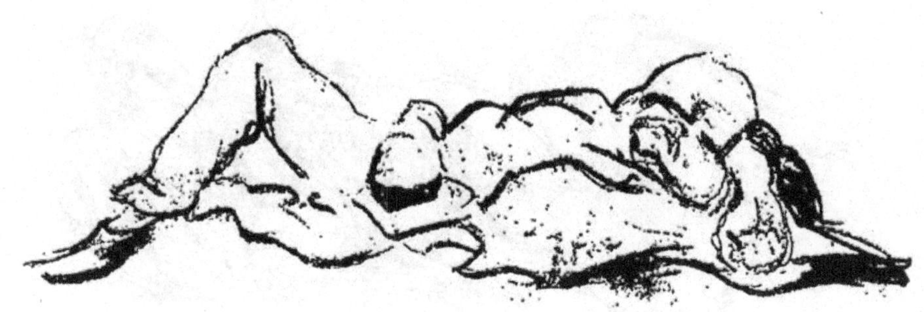

## VII.

Diese vierte Phase setzt um die Zeit ein, als in den Bildern Manets
und seines Kreises die neue Schule ihre Forderungen durchsetzt und
die Optik die Überlieferung Corots endgültig zurückdrängt. Er fängt
wieder da an, wo die andern aufhören — oder besser getan hätten,
aufzuhören[14].

Cézanne kam in den Impressionismus wie Delacroix nach Marokko.
Er war irgendwo gewesen, als Monet die neue Physiologie aufstellte.
Jetzt entdeckte er sie für sich mit dem Rundblick des Philosophen,
dem die engere Gattung von Vorstellungen, aus der eine Erfahrung
gewonnen wird, nicht näher steht und der sie unbefangen auf ihren
Nutzen für seine höhern Zwecke hin durchschaut. Sie wurde in noch
höherm Maße und noch weiterm Umfang dasselbe für ihn, was für
Delacroix ein halbes Jahrhundert vorher die erste Entdeckung derselben Farben- und Lichtgesetze gewesen war: ein Mittel zur Klärung
der Vision. Er erkannte darin die Möglichkeit, der Natur noch näher
zu kommen und sie gleichzeitig noch freier zu übertragen, einen höhern
Begriff des Natürlichen zu gewinnen, in dessen Bereich das Dekorative
einer weniger stofflichen Ordnung unterworfen werden konnte. Die
rembrandthafte Gewalt der Bildnisse, die prunkenden Stilleben, die
monumentalen Landschaften hatten ihm trotz ihres Reichtums ein
Ausdrucksmittel versagt, das dem Franzosen für die Gegenwart unentbehrlich schien: die Nuance. Das bot sich ihm in dem gesteigerten
Impressionismus: eine Form für zeitgenössische Organe.

Nun erhellt sich die Palette noch einmal. Das Pigment wird spar-

sam, der Auftrag verliert das materielle Gewicht, das derbe Korn verschwindet. Statt der wuchtigen Farbe übernehmen die aus der Farbe
gewonnenen Stufen die Führung. Es beginnt die Kammermusik des
Meisters, seine Tonkunst.

Wir haben bunte Blumen und tonige Blumen. Die bunten sind
entweder selbst aus starken Kontrasten zusammengesetzt oder rufen
mit jeder Umgebung starke Kontraste hervor. Sie erobern uns
leicht, ziehen schon von weitem den Blick; Lilien, Tulpen, Mohn,
alle möglichen Feld- und Gartenblumen. Sie entsprechen Bildern
van Goghs, sind dekorativ. Es fehlt ihnen, auch von nahe gesehn,
nicht an Reiz; dafür sorgt Äderung und Flaum, das Poröse der
Haut; ihr wesentlicher Reiz aber beruht auf der Fernwirkung
starker Farben. Andre Blumen beginnen ihre besondere Wirkung auf
unser Auge erst, wenn man sie in die Hand nimmt. Es sind Interieur-
Blumen. Die moderne Gärtnerei hat gerade solche Arten gezüchtet.
Wir können uns schwer vorstellen, daß solche Blumen früher, als die
Häuser klein und die Gärten groß waren, existierten. Es gibt eine
neue grüne Campanula. Sie hat nur eine Farbe, ein Grün, eine Art
Eidechsen-Grün. Es ist eine sehr stille Farbe, doch vermag man kein
zweites Grün daneben zu sehn. Die andern tun dem Auge weh, der
kühle Epheu sticht, der Rasen wird giftig, es scheint mit dieser Farbe
ein persönlicher, seltener, kostbarer Wert verbunden. Das Grün ist in
dem behaarten Stamm am wenigsten ausgesprochen; es wird reicher
und zugleich heller in den Wellungen der flaumigen Blätter, die sonst
mit dem Stamm übereinstimmen, erhöht sich nochmal und nimmt
eine durchsichtige Patina an in der klassisch gezeichneten Glocke
und erreicht das Maximum von stiller Pracht in dem silbrigen Innern
der Glocke; ganz tief drin sitzen grüne Pünktchen. Keins der Grüns
gleicht dem andern, alle aber sind dasselbe Eidechsengrün. Dieser Umfang der Wirkung innerhalb einer Einheit weckt einen Begriff von
Reichtum, neben dem der Reiz dekorativer Blumen vorlaut und billig,
geringere Gattung erscheint. Man dämpft die Stimme in der Nähe
solcher Geschöpfe, möchte Kelche für sie erfinden, Alkoven, Möbel,
möchte ihre Eigenart auf andres und sich selbst übertragen. Die Organisation dieser leisen Schönheit drängt nach Verallgemeinerung.
Das fehlt der andern Gattung.

An dergleichen kann man denken. Cézanne hat solche Lüste des
Auges belauscht. Aber er tut noch viel mehr. Er macht das Leise
klangvoll. Dieser Gärtner bringt es fertig, seine Campanula in den

Garten zu setzen und so, daß sie trotz der auf eine Farbe beschränkten
Wirkung das Auge anzieht, nicht von nahe, sondern wo immer man
steht, und so unwiderstehlich, daß die Blicke fliegen, sobald sie nur
von einem Hauch des zarten Spiels getroffen werden. Und es ist keine
Blume, sondern ein Haus zwischen Bäumen, ein Dorf, ein Fluß mit
Brücken, ein menschliches Antlitz, Gestalten im Walde, Früchte, Feld,
Erde, Himmel, eine ganze Welt. Wir kennen Welten aus dunstigen
Tönen: Turner mit seinem Feuerwerk, die Schleier Whistlers, den
späten Monet mit seinen nebelhaften Reflexen. Sind es Welten, in denen
außer der Phantasie des Verzückten noch etwas leben kann? Nicht
etwa nur Träume und Ideen listiger, wollüstiger Maler, denen die
Welt verschwand? Diese Welt hier ist greifbar lebendig, nichts weniger
als Dunst, stark wie die Sonne der Provence, wie ein Bauer des Landes,
wie die gebärende Kraft des gebenedeiten Bodens. Man erlebt hundertmal bei Aix die nüchterne Wahrheit Cézannes, so sicher wie das
Venedig der Guardis, das Holland Vermeers, das England Constables;
noch sicherer, und braucht nicht einmal hinzugehn. Seine dünne
Farbe ist nicht, wie der gefällige Schleier der Ideologen, dünner Geist,
sondern nacktes Tatsachengesicht, Realität.

Im Grunde nichts andres als eine Erfüllung des alten Gesetzes, mit
dem geringsten Quantum maximalen Nutzen zu geben. Nur der Grad
von Erfüllung erscheint uns zuweilen wie ein neues Wunder.

Das Erstaunliche liegt einmal in dem Relativen, der auffallenden
Entwicklung innerhalb des Oeuvre, diesem Wachstum aus dieser
Wurzel. Das ist das geringste. Tiefer ergreift uns das Absolute der
Leistung, die unbegrenzte Erfüllung aller Forderungen des Objekts,
mit der sich unsre Sehnsucht restlos erfüllt; eine Sehnsucht, die nicht
erst von dem Schöpfer dieser Dinge geweckt wurde, sondern latenten
Bedürfnissen der Menschheit von heute entspringt.

Cézannes Realität ist von Meistern vor ihm kaum geahnt worden;
auch von Delacroix nicht, von dem er abstammt. Er ist deshalb nicht
größer. Seine Realität besteht jenseits der hohen materiellen und
geistigen Suggestionen eines Delacroix. Der sichere Rückschluß vom
Werk auf den universellen Menschen — bei Delacroix ein Hebel unsrer
Verehrung — bleibt versagt. Cézanne ist neuer. Das beweist nichts.
Wäre es allein entscheidend, so könnte man einen Futuristen über
Michelangelo stellen. Cézanne erweist die Gültigkeit seiner Neuheit.
Innerhalb der neuen Bedingungen und Forderungen seiner Zeit nähert
er sich dem Ideal mit Hilfe einer Organisation von nichts weniger

als aktueller Fülle, mit einem Mittel, das von keiner Willkür bestimmt
wird, sondern ihm von der Überlieferung gereicht wird. Seine nächsten
Vorgänger, Delacroix und die Impressionisten, haben es vorbereitet,
und er übernimmt es in dem Augenblick, wo es genommen werden
muß, um nicht verloren zu gehn.

Dadurch rückt der Outsider auf einmal an einen vorher bestimmten
Platz der Entwicklungsgeschichte. Sein Beitrag fügt ihn der großen
Kette ein, die bei den Venezianern begann und in ununterbrochener
Folge über Greco, Rubens, Poussin, Watteau, Delacroix zu ihm und
über ihn hinausreicht. Das kunsthistorische Faktum erschöpft nicht
seine Bedeutung. Es handelt sich nicht allein um eine Vervollkomm-
nung des überlieferten Mittels, sondern um eine neue Konstellation
aller Mittel. So wenig sein Fortschritt einen Delacroix vollendet, der
als Komplex, so wie er vor uns steht, vollkommen ist, ebenso wenig
gelangt man von Delacroix in grader Linie zu Cézanne. Sie liegen
ebenso auf verschiedenen Ebenen wie Delacroix und sein Raffael, der
auch nicht seinem besondern Wesen gemäß fortgesetzt werden konnte.
Man glaubt von Balzac und Flaubert, Puschkin und Dostojewski, obwohl sie entwicklungsgeschichtlich eng zusammenhängen, sogar
manche Ziele gemein haben, sagen zu können: sie reden nicht dieselbe Sprache. Dasselbe gilt hier. Der Vergleich Cézannes mit Dostojewski[15] ist deshalb so günstig, weil auch die von Dostojewski voll-
brachte Differenzierung jede Verengung und Schwächung des Übernommenen vermeidet.

## VIII.

Von dem technischen Problem wenigstens die Umrisse: Cézanne
modelliert nicht mit der Zeichnung, verzichtet auf alle linearen Umrisse, da sie seinem Gefühl willkürlich und seinem Rhythmus hinder-
lich erscheinen. Er modelliert nur mit Farben und Ton. Das Gleiche
läßt sich von Manets Farbenkontrasten sagen. Cézanne mildert und
raffiniert die Kontraste und vervielfacht die Töne. Er vervielfacht
sie nicht nur, baut geradezu das ganze Bild aus Tönen auf, läßt den
Kontrast der Farben verhältnismäßig zurücktreten[16]. Warum wirkt er
trotzdem so gestaltreich? Die Abtönung muß von rechtswegen das
Bildhafte verweichlichen und verwischen und unvermeidlich zur Auflösung führen. Wie entgeht Cézanne dieser Klippe, an der Monet mit
einer viel geringern Intensität der Abtönung scheitert? — Mit zwei
Gegenmitteln. Zunächst mit einem längst bekannten, das Constable
wiederentdeckt und den Nachfolgern übermittelt hatte, dem Cézanne
nur eine neue Verwendung und Ausdehnung gab: die manuelle Stu-
fung zwischen den Tönen. Der dunkle Ton gleitet nicht widerstands-
los in den hellern, sondern in deutlichen Absätzen, die der Pinsel
rhythmisch organisiert. Die Pinselschrift schafft Kadenzen. Im Prinzip
machen das Monet und die andern ebenso. Sie teilen mit dem Pinsel
die Farbe, um ihr Konsistenz zu geben, da eine bewegte Fläche un-
gleich stärker wirkt als die glatte derselben Farbe. Schon Delacroix
machte es so, und im Prinzip hat es Veronese nicht anders gemacht.
Die Teilung erfolgt durch mehr oder weniger lange, gerundete oder
grade Striche. Der Leuchtkraft zuliebe kürzen die Impressionisten

die Striche und, um den Flächen die Ruhe zu geben, machen sie die Schraffierung gleichmäßig. Bei Monet sind die Striche kommaartig, bei Sisley länglicher, bei Pissarro mehr punktiert. Die Gleichförmigkeit des Strichs macht die Teilung zu einem relativ dem Dekorativen zuneigenden Verfahren, dessen Mechanismus hervortritt, sobald man an die alten Meister und zumal an Delacroix denkt. In Delacroix' Bildern trägt jeder Strich gleichzeitig Gestalt und Farbe, und nichts Mechanisches hat Platz. In den Bildern der Seurat, Signac und der andern Neo-Impressionisten (deren Versuche Cézanne mit Aufmerksamkeit verfolgte) wird der Mechanismus immer deutlicher.

Cézanne erkannte das arg Bedingte des Zusammenhangs dieser Nachfolger mit Delacroix. Er bereichert den Teilungsmodus. Die Systematisierung der Handschrift wird durchaus nicht aufgehoben, nur fügt sich die Struktur aus einer Menge verschiedener Einheiten zusammen. Man erkennt auf den ersten Blick ein sehr ausgesprochenes System von Flecken, Strichen, Schraffierung; jedes Bild hat sein eigenes, und innerhalb desselben Bildes wechselt die Einheit. Gebogene Striche à la Delacroix wechseln mit kleinen und großen, gradlinig schraffierten Flächen. Die Schraffierung geht scheinbar über das ganze Bild weg und hält es zusammen, aber ist nur ein durchsichtiges Netz über andern ebenso durchsichtigen Strukturen. Oft wird der Pinsel haardünn, dann wieder läuft die Farbe in anscheinend zufälligen, aquarellmäßigen Lachen. Der Druck der Hand folgt allen Einfällen des Ausdrucks. Immer wieder fällt die Selbstherrlichkeit des Systems auf. Es geht der Natur, die es wiedergeben will, voraus, und wenn man es greifen will, steht der Berg, den es webt, die Frau, der Bauer vor uns. Nie macht es Cézanne wie Manet, der mit den ersten paar Strichen die Natur an sich riß. Bei Cézanne steigt die Gestaltung schichtenweise wie bei Marées, nur bleibt der Auftrag rätselhafterweise immer dünn. Wenn er beginnt, wirbelt es auf der Leinwand von farbigen, rhythmischen Flächen. Zehn Landschaften statt der einen stecken in dem Wirbel. Das Grün ist Saft, bevor es Baum wird, und bleibt es auch dann noch. Manet wollte die eine Landschaft, den Ausschnitt vor seinem Auge; Cézanne will hundert in der einen.

Beschränken wir uns auf den Auftrag, so ergibt sich etwa ein gereinigtes System in der Art der alten Meister und Delacroix', bereichert um alle Möglichkeiten der Impressionisten.

Aber das gibt erst einen groben Umriß der Cézanneschen Teilung.

Der sorgfältige Betrachter erkennt in dem Bilde Einzelbilder aus solchen Strichen und Schraffierungen, Stücke, welche Einzelheiten des Motivs gewissermaßen sphärisch vereinfachen. Gelänge es, solche Einzelbilder herauszunehmen (was die Geschlossenheit des Ganzen in Wirklichkeit nie erlaubt), so würde man sie als geometrische Formen erkennen, Stücke von Würfeln, Zylindern und andern räumlichen Figuren. Wir gelangen zu einer Anatomie des Bildes auf mathematischer Basis. Diese räumlichen Figuren ergänzen die Struktur.

Die Bedeutung des Systems ergibt sich von selbst. Die Farbe wird bis an die Grenze der Auflösung zerlegt, Pigment, Auftrag halten sich an geringste Mengen. Die Mathematik der ins Räumliche wogenden Striche baut das Farbige wieder zusammen. Die Synthese überwiegt bei weitem die Analyse. Daher die erstaunliche Geschlossenheit von Bildern, die anscheinend nur aus ein paar dünn gestrichelten Flächen bestehn[17]. Die Striche, für das rohe Auge Fetzen, sind in Wirklichkeit Klangbündel des Farbigen, Raumbündel der Natur. Zurückblickend vermag man sich vorzustellen, daß in den ungeschlachten Massen der schwarzen Barockbilder bereits die Ahnung von einer kubischen Raffung der Erscheinung ihr Wesen trieb.

Die Beteiligung der Geometrie an der Kunst ist uralt wie die Pyramiden und der Kubus, aus dem die Egypter ihre sitzenden Idole gewannen. Ohne Mathematik, ob bewußt oder nicht, ist keine Venus, keine Mutter Gottes entstanden. Als Adam die gewölbte Hand um die Brust der Eva legte, keimte der Instinkt dieser räumlichen Bildung. Freilich lag einer Epoche, die sich immer unbedachter der Natur überließ, nichts ferner als jener Zusammenhang, am fernsten dem Impressionismus. Die Mathematik war dem Künstler etwa noch in der Plastik gewohnt und in einer Malerei, die sich noch nicht ganz von der Plastik gelöst hatte. Wir wissen, wie Ingres nach den Säulen im Körperbau suchte, und kennen Marées' Forderung, in dem Kopf die Kugel, in den Beinen Kegel zu sehn. Bei Marées kann schon eine Reaktion auf den vorausgeahnten Impressionismus mitgespielt haben; mit Sicherheit bei einem Sonderling unter den Malern, dessen Einfluß gerade ein Extrem des Impressionismus herbeirufen sollte: Seurat, der Vater des Neo-Impressionismus, führte mit seiner nahezu mechanischen Teilung der Fläche die Entdeckung Monets ad absurdum und suchte gleichzeitig mit seiner Liniengeometrie einen struktiven Halt zu gewinnen. Seurat wollte das Problem experimentell lösen und die Mathematik als Mathematiker einführen. Eine ganz methodisch veranlagte

Geistesart trieb ihn. Er war nahe daran, zu glauben, die Schönheit lasse sich zahlenmäßig berechnen. — Cézanne hat die wenigen Bilder Seurats, die lange nach seinen ersten Versuchen entstanden, gekannt und abgelehnt. Eine Welt trennt ihn von dem Wissenschaftler: Seurat suchte das Ornament. Am Ende einer tausendjährigen Geschichte blieb Seurat nichts übrig, als die Malerei dorthin zurückzuführen, von wo sie einst unter den Mosaikisten ausgegangen war. Cézanne dachte großmütiger von der Malerei. Er wollte ihr nichts nehmen, sondern ihr, wie er einmal in seiner Art sagte, „etwas vom Museum“ zurückgeben. Renoir wünschte, in seiner Reihe zu bleiben.

Das Abtasten nach geometrischen Formen, das bis dahin nur im Monumentalen oder in strengen Dekorationen denkbar schien, richtet Cézanne auf eine Welt von Nuancen, auf die spontane Darstellung flüchtiger Eindrücke der Natur. Und zwar richtet er nicht flächige Formen auf die Fläche, sondern räumliche auf den imaginären Raum des Bildes. Wenn man in einem Apfel von der immateriellen Pracht einer Cézanneschen Frucht, in einer Wange seiner Frauengesichter, in seinen Selbstbildnissen die räumliche Geometrie, zum Beispiel das Abtasten einer Eiform findet, mag man sich sagen, ein Gesicht, ein Apfel sei immer noch etwas Greifbares, das irgendwie die Beziehung auf solche Formen erlaubt. Wie soll man das Hineinbauen solcher Würfel in eine Landschaft, in atmosphärische Dinge erklären? Landschaften der Primitiven ertrügen und ertrugen es, weil sie keine Landschaften, sondern komische Häuserchen, besenartige Bäumchen, Maulwurfhügel sind. Wohl war Cézanne selbst ein Primitiver. Man sieht es an allen Zeichnungen zu Kompositionen. Sie beginnen mit Kinderfingern. Vom Primitivsten in ihm ging er wie jeder Bekenner aus, und, es ist möglich, nur ein Primitiver konnte ungestraft auf die Mathematik geraten. Nichts aber ist weniger primitiv als das Resultat. Er baut einen Mittag, einen Morgen, dem soeben die Dämmerung entwich, die Minute vor dem Abend, ein von Feuchtigkeit durchsetztes Flußbild; Bilder, die das Atmen erleichtern, als seien sie mit Ozon gemalt; baut das alles wie ein Kind mit Würfeln, türmt in seinen zentesimal abgetönten Schichten zylindrische Körper auf, und die Schichten sind immer noch Luft, Tau, zitternde Lichter; baut ein System organisch wie das Knochengerüst des Körpers, sicher wie Stein und ungreifbar wie Äolsharfengeflüster.

Das Ineinandergreifen der geometrischen Teile in die Teile des Motivs entzieht sich meiner Darstellung, und ich weiß nicht, ob es

überhaupt in Worte zu fassen wäre. Vermutlich hätte die Wirkung
engere Grenzen, wenn sie sich restlos analysieren ließe. Zudem müßte
eine weitertreibende Darstellung des Forschers die Klippe fürchten,
die der Maler in seinen Bildern stets überwunden hat: das Scheitern
der Empfindung an der Spekulation.

(Wenn aber einer fragt, warum denn Cézanne schließlich und endlich
so viele Umstände machte, soll er die vier Leute, die vor ihm ein Quartett
Beethovens spielen, fragen, warum sie die sonderbar geschwungenen
Holzkästen im Arm haben und mit Bogen über sie hinfahren.)

IX.

Geometrie und Tönung sind die Mittel für Cézannes Schöpfung
der Natur. Folgende Sätze schrieb er Emile Bernard: „Alles in der
Natur formt sich nach Kugel, Konus und Zylinder. Lernt man nach
diesem einfachen Schema zeichnen, so kann man nachher alles machen.
Zeichnen aber heißt für den Maler Farbe. Wenn die Farbe ihr Maximum
erreicht, ist die Form vollendet. Es gibt für ihn weder Linie noch Run-
dung. Es gibt für ihn nur Farbenkontraste. Diese Kontraste sind nicht
Schwarz-Weiß allein, sondern alles, was Farbenempfindung vermag.
Aus dem rechten Verhältnis der Töne geht die Modellierung hervor.
Sind sie alle da und in vollkommener Harmonie, so ist das Bild fertig."
Ob die Prämisse zutrifft? Formt sich wirklich in der Natur alles
nach Konus, Kugel und Zylinder? Möglich, mindestens plausibler
als die Schlangenlinie Hogarths, der auch ein Maler war. Die Folge-
rung ist von dem objektiven Wert der Voraussetzung unabhängig. Cézannes Überzeugung genügt. Im Grunde war Kugel, Konus und Zylinder eins der Themen seiner Symphonie, als solches unantastbar und
sicherer erwiesen, als wenn uns ein Gelehrter und tausend Kubisten
den mathematischen Nachweis für die Prämisse erbrächten.
Geometrie und Tönung, mit denen er seine Natur macht, sind
gleichzeitig die notwendigen Widerstände gegen die Natur, doppelte
Siebe, durch die er das Erlebnis hindurchpreßt, um zu allgemeinster
Form zu gelangen. Nicht aus Willkür wird auf die Zeichnung linearer
Art verzichtet, nicht, um sich unnötige Schwierigkeiten zu schaffen,
das Rund des Plastikers verpönt, sondern aus derselben Notwendigkeit,

die den Musiker zwingt, sein Thema mit solchen Mitteln zu erschöpfen, die seiner erleuchteten Einsicht als reinste Kunstmittel erscheinen. Darauf beruht die Gültigkeit des Stils. Wir verdanken der Neuheit Cézannes den reinsten Begriff des Malerischen. Natur und Stil hängen bei ihm ebenso unzertrennlich zusammen wie seine Tönung und seine Geometrie, Fläche und Raum.

Dieser Zweiklang gibt Cézannes Stellung in der zeitgenössischen Kunst. Alle Künstler seines Kreises wurden vom Malerischen zur Fläche getrieben, selbst Delacroix. Das Flächige ist die lockende Gefahr im 18. Jahrhundert. Erst im siebzehnten finden sich in Poussin die beiden Pole in ähnlicher Harmonie vereint. Das Empire brachte eine Reaktion von außen. Wenn sich in der Folge Fortschrittler wie Courbet auf den Ausgleich besinnen, geschieht es auf akademische Art, mit Kompromissen. Selbst Renoir, der einzige kongeniale Genosse, kommt nicht ganz um den Kompromiß herum. Die andern hören nur auf Manet und Monet. Manet sah in der Modellierung das verächtliche Zeichen billiger Übereinkunft und schaffte sie ab. Hätte er streng nach seinen Worten gehandelt, so wäre vom Körperlichen nichts übrig geblieben. Mit seiner verhältnismäßig geringen Empfindung für Tonwerte war kein Ersatz zu schaffen[18]. Seine göttliche Geschicklichkeit half ihm. Die Hand entlockte dem Pinsel so treffende Bezeichnungen für die Stoffwelt der Natur, daß man den Mangel nicht entbehrte. Es war ein geborener Einzelfall, jeder Verallgemeinerung unzugänglich. Das erkennen die Impressionisten. Ihre Doktrin folgt aus berechtigter Sehnsucht nach einem Gesetz gegen die uferlose Neuheit ihres Naturalismus. Sie entdecken es in der physikalischen Farbenlehre, fordern chromatische Palette und Teilung und verwandeln die Landschaft in ein Spiel leuchtender Flecken. Die Neo-Impressionisten gehn noch weiter auf derselben Bahn und kommen dem Flachornament immer näher. Die Vorliebe für die Landschaft fördert den Irrtum. Im Freien, glaubt man, habe der Raum weniger zu sagen. So wird die Malerei zu einem nur durch Unzulänglichkeit gemilderten Naturalismus auf chromatischer Grundlage, zu einer farbenreinen Ungeistigkeit. Von den Alten bleibt allenfalls der Reflex, mit dem sie ihre Stoffe schmückten. Die Kunst, der letzte Tempel der Menschheit, wird zu einer hygienisch hergerichteten Kabine für farbige Aufnahmen.

Freilich irgend ein kosmisches Gelüst fand immer noch Nahrung. Licht war überall. Wenn man also Licht gab, gab man Welt. Es entging den Entdeckern, daß ihr Licht der Kerze glich, mit der ein Abgebrannter die leere Stätte seines Hauses betrachtet.

Es gab Unzufriedene und allerlei Reaktionen; die Versuche zwischen Puvis de Chavannes und Maurice Denis, noch abgelegenere Stilisierungen der Deutschen, Skandinaven und Engländer. Alle diese, meist beim Tapezierer endenden Reaktionen, über die sich wie ein Riese über Zwerge Hans von Marées erhebt, lassen den brauchbaren Kern des Impressionismus außer acht, benutzen allenfalls Brocken der neuen Lehre, nicht den zeitgenössischen Instinkt, der die Schüler Courbets trieb.

Cézanne kommt mit dem Mittel der Zeit über sie hinaus, weil er sachlicher zugreift. Er ist mit den Koloristen Kolorist und der größte, unter den Sehern, die nur Auge sein wollen, das schärfste Auge, unter den Flüchtigen der Flüchtigste; aber ist noch etwas mehr. Seine Sensibilität beschränkt sich nicht auf die Reize der Retina, sondern reagiert ebenso empfindlich auf doktrinären Aberglauben. Seine Einfalt sträubt sich gegen die Zumutung, von der sichtbaren Welt nur ein leuchtendes Teilchen zu geben; er hat kein Spektroskop bei sich, wenn er draußen malt. Und er ist eigensinnig. Warum nicht Raum schaffen im Bilde, wenn es ohne Verrat des Farbigen möglich ist, ja, wenn der Raum womöglich gerade als letzte Form meiner Farbe entsteht? Warum nicht bauen, wenn es mit meinen Mitteln geht? Warum nur Landschaften, nicht auch Idyllen, wenn zu dem Bau eine Idylle treibt? Und warum nicht die Alten dazu lassen, wenn ich sie wie mein Eigentum, wie meine Farbe und meine Idylle spüre? Alle sind mir recht, die ich hereinbringen kann, alle muß ich haben. Nicht Rembrandts Zeit brauchte einen Rembrandt. Da war die Welt noch fest; in Millionen wirkte die Legende, die er malte. Nicht für Spanien hat Greco seine Mystik gemacht. Damals war überall Mystik, und fern die Aussicht auf Menschen, vor denen nichts, was sich nicht rechnen läßt, besteht. Für uns haben die Erhabenen geschaffen. In ihren Werken steckt der verlorene Kosmos. Was meine Fetzen fassen können, will ich. Wohl wäre ich Tor, wollte ich Dante und Virgil wie Delacroix machen, aber auch ich weiß noch von solchen Dingen. Ich habe nicht die lebende Gemeinde, die mich hört, und kann nicht auf sie hören. Die andern im Museum sind meine Gönner und Kinder. Ich glühe noch. Ich schwebe, mit vielen Geistern beladen, meine Schwingen sind von Pfeilen durchlöchert, und schwer habe ich an meinem Alter zu tragen. Aber ich fliege. Meine Sehnsucht ist in den dreihundert Jahren nicht kleiner geworden. Ich weiß nicht, was mich abhalten sollte, mich meinem Fluge zu opfern.

Meinem Fluge, nicht der Natur! — Was wären mir die Äpfel, die ich hundertmal male, wenn ich in ihnen nicht die Früchte sähe, die ein Geist meinem Geiste reicht? Wenn ich mit ihrer Farbe nicht jeweils alles empfände, was andre Augen, begnadeter als ich, in ihnen gesehn haben? Sind sie wirklich schön in der Natur? Wären sie so ungestalt, wie ich sie male, wenn sie nicht trächtig eines andern wären? Sind es überhaupt Äpfel? Ist ein Apfel aus Öl, aus Mathematik? Ist das, was ich da hinstelle, nicht einfach auch nur so ein Halter wie meine Optik und Geometrie, um den andern, die mich sehn wollen, — mich, nicht den Apfel — eine Art Stütze zu geben?

## X.

In der letzten Phase, die etwa um 1900 einsetzt, verändert sich Cézanne noch einmal. Er kehrt zu dem pastosen Auftrag und materielleren Farben zurück. Ein Teil der vorher gewonnenen Werte, viel von der unvergleichlichen Tonkunst wird fallen gelassen. Dafür nähert sich die Robustheit der Bilder mehr der mittlern Periode. Der rembrandthafte Cézanne kommt wieder, freilich nicht mit ganz derselben Kraft, die das Selbstbildnis bei Behrens malte; und die Freude an dem satten Prunk der achtziger Jahre kommt wieder, freilich nicht ganz mit derselben Selbstverständlichkeit. Die Art schließt sich an die derbe Fülle mancher Hauptwerke der neunziger Jahre, wie an das Porträt von Geffroy, an die „Spieler" und die „Femme au chapelet"; magistrale Dinge, die mit Recht sehr hoch geschätzt werden und noch höher ständen, wenn uns nicht Cézanne mit seiner Kammermusik beschenkt hätte. Was die Bilder nach 1900 von jenen strotzenden Werken trennt, spricht nicht für die letzte Zeit: eine mehr oder weniger merkbare Abnahme des Spontanen, die selbst den farbenreichsten Prunkstücken früherer Zeit die leichte Beweglichkeit erhält. Das Auge genießt immer noch in Fülle. Das um 1903 entstandene Blumenbukett in der Henkelvase auf dem prachtvollen Teppich würde mit seinen gewirkten Farben unter hundert Meisterwerken auffallen. Die phantastische Romantik in dem „Chateau Noir", von 1904, oder in dem Totenkopf auf dem Teppich, von 1905, ist nochmal eine neue Tonart, und in den „Baigneurs", dem unvollendeten Hauptwerk der letzten Zeit, scheint das Idyllische ins Freskenhafte gesteigert. Man bewundert, aber vermißt den Zauber des Gärtners, der seine Bilder wie Blumen wachsen ließ und ihnen doch alle Realität des Bildhaften gewährte. Es wird leichter, zu erkennen, wie die Bilder gemacht wurden, und ein großer Teil des Reizes erschöpft sich mit der Anerkennung ihres dekorativen Wertes. Die pastose Farbe hat zuweilen einen branstigen, wie verrosteten Ton, klingt nicht mehr ganz rein. Die Campanula ist fern. Vergleicht man ein Werk der besten Zeit wie die schöne Landschaft, die früher bei Linde war, mit einem ähnlichen Motiv der letzten Jahre, so könnte man, mit Übertreibung, vermuten, ein sehr begabter Schüler habe im Atelier des Meisters das Vorbild vereinfacht übertragen.

Die Bilder der letzten Zeit stehn im Zeichen des Alters. Cézanne klagte über die Abnahme der Sehkraft und gestand oft, die gewünschten Töne nicht mehr unterscheiden zu können. Er besaß nicht die glückliche Weisheit des alten Renoir, mit der Abnahme der physischen Kräfte zu rechnen. Der Wunsch, sein Äußerstes zu geben, steigerte sich im umgekehrten Verhältnis zu dem Nachlassen der Kraft. „Réaliser! Réaliser!" antwortete er auf jede Mahnung zur Schonung. Die Zahl der Übermalungen wuchs wie bei Marées ins Phantastische und übermüdete schließlich die Farbe. An dem erwähnten Blumenbukett hat er von 1900 bis 1903 gesessen, an den „Baigneurs" zehn Jahre bis kurz vor seinem Ende, ohne ihnen die letzte Hand geben zu können, und, wie Vollard über die Entstehung seines Bildnisses erzählt, unterbrach Cézanne nach 115 anstrengenden, langen Sitzungen die Arbeit, um nach Aix zurückzukehren. Er sei, sagte er zu Vollard, mit dem Hemdausschnitt ziemlich zufrieden. Das andre hob er sich für später auf. In der Tat ist diese Stelle die schönste geblieben. Das Porträt gehört nicht zu den besten Cézannes.

So hat er immer gedacht und gehandelt. Daher darf man Cézanne keine gewollte Unfertigkeit nachsagen. Am liebsten hätte er die Abrundung eines Holbein erreicht. Doch zog er, auch in den letzten Jahren, vor, die Leinwand weiß zu lassen, wenn die volle Konzentration des Auges nicht mehr für die letzten Striche reichte. Seine Gewissenhaftigkeit grenzte zuweilen an Manie. Wir kommen über solche Stellen, oft nur belanglose Grenzen des Systems, leicht hinweg. Er selbst ist nicht so duldsam gewesen und hat in solchen Bildern immer nur Anfänge gesehn.

Die Absorption durch die Arbeit ging so weit, daß Cézanne, noch mehr als Marées, den Sinn für das tägliche Leben verlor und sich in seinen Beziehungen zur persönlichen Mitwelt mit denkbar primitiven

Formen behalf[19]. Er duldete in seiner Umgebung alle Vorurteile, die ihn nicht am Malen hinderten. Eins konnte er nicht vertragen: Wenn ihn jemand, selbst einer der Nächsten, selbst sein geliebter Sohn Paul, im Gespräch die Hand auf Schulter oder Arm legte, fuhr er wie wild auf und ging davon. Er hatte wenig oder gar keinen Umgang, gab sich bei den seltenen Aussprachen keine Mühe, und die andern gaben sich keine Mühe mit ihm. Deshalb sind die wenigen Zeugnisse der Leute, die ihn gekannt haben, mit Vorsicht zu gebrauchen. In solchen Berichten pflegt seine fanatische Liebe zur Natur immer die größte Rolle zu spielen. Es ging Cézanne wie manchem andern, der von dem, was ihm am nächsten steht, immer nur das Äußere preisgibt. Tatsächlich hat er im Freien gemalt. Ebenso fest steht, daß er für das Figürliche seiner Bilder vergilbte Aktstudien aus der Jugend benutzte, die Stilleben nach Früchten malte, die mit der Zeit verfaulten, und die Blumenstücke, weil sich die Modelle noch weniger hielten, nach Papierblumen[20]. Aber er setzte einmal seinem zweifelhaften Schüler Emile Bernard auseinander, was in der Gegenwart unter Klassisch zu verstehn sei. Klassisch sei für ihn eine moderne Malerei, der es gelänge, Poussin ganz nach der Natur zu wiederholen. Dies war einer der Aussprüche, die für seine Überzeugung gelten können.

## XI.

Man hat Courbet, Manet und andre klassisch genannt, weil sie erst
abstießen, dann gefielen und weil ihre Werke zuweilen den Reiz der
Alten erreichen oder übertreffen, und ging dabei voreilig mit dem Titel
um. Er sollte nicht für Originalität, Reize und dergleichen, sondern
für realisierte Anschauung von überpersönlicher Gültigkeit da sein.
Cézanne verdient ihn wie unser Marées, weil er das Maximum von
wohlerwogener Hinderung seinem Gestaltungstrieb entgegenstellte
und mit seinen Fetzen so malte, wie Mozart heute singen würde, ein
Mozart, ganz nach unsrer Natur wiederholt. Ungläubige sind versucht, daraus auf einen zerfetzten Begriff des Klassischen zu schließen.
Auch den Blicken, die Cézanne erkennen wollen, stellen sich Widerstände entgegen, wohltätige Widerstände, vielfache Siebe. Das Auge
muß hindurchgepreßt werden, um gültigen Blick zu erlangen. Wir
sind unrein. Die Welt, in der wir leben, und die wir lieben, weil wir
in ihr leben, ist erstaunlich häßlich und gemein, und es bedarf keiner
gewöhnlichen Mittel, um unser Auge zu entschleiern. Es gehört be-
sonderes Glück dazu, um in unserm Gewirr ohne Schwindel Gefilde
Poussins zu erleben. Doch gibt es dergleichen. Dieser und jener, der
sich hinter Masken versteckt, hat es in Augenblicken, die Fetzen gleichen, erlebt. Man bedarf, sagt man, besonderer Augen für die Bilder
Cézannes. Daran glaube ich nicht recht. Sicher aber muß man be-
sonderes Glück, will sagen, besondere Fähigkeit zum Glück besitzen,
um ihn zu verstehn.

Cézanne könnte als Überwinder des Impressionismus, als Schöpfer der

Synthese aus dem Impressionismus gefeiert werden, wenn der Titel nicht zu gering für ihn wäre. Wichtiger ist seine Schöpfung einer andern Synthese. Sie liegt auf dem Gebiet, von der ich bei der Betrachtung des Anfängers ausging. Die Kunst, in die der Anarchist eintrat, war bürgerlich. Schon David, der letzte Hofmaler war es, und zwar als Galamaler noch mehr als in der bescheidenern Gattung. Die Nachfolger aus seinem Kreise suchten die haftende soziale Schrift mit kriegerischer Gebärde abzuschütteln. Dem Ritterlichsten unter ihnen, Géricault, gelang es zuweilen. Dann kam ein Maler vom Blute der königlichen Alten, der einzige. Während im Walde von Fontainebleau emsige Leute wie Millet und Rousseau ihre Motive suchten, wie gute Familienväter auf Pilze gehn, Corot, ein Bürger mit einer Lerche im Busen, sein Glück besang, Daumier, der göttliche Prolet, Sohn Michelangelos und einer Wäscherin, den Haß aufs Bürgerliche, das ihn drückte, in düstern Bildern glühen ließ, baute Delacroix seinen Thron. Ein König, den wir uns nur deshalb nicht mit einer Krone denken, weil das sein Incognito verkleinern würde; ein weise regierender Mensch, allen Menschen offen, allen gebend, auch den Einfältigen; wie ein König sein soll.

Nichts mehr seit ihm von seiner Art. „Es ist nicht mehr die Zeit für Könige", klagt in der Einsamkeit ein kranker Philosoph. Courbet zerstampft den Nymphenreigen Corots. Alles, was du nicht mit dem Finger kannst, ist Schwindel. Sein Finger ist geschickt, und die Hand wird von einem Koloß geführt, dem Malen Brunst ist. Malen wird Materie, kolossale Materie von Fels, Woge, Fleisch. Ein großer Maler in diesem und jenem, einer der größten aller Zeiten, aber stückweise, immer nur von Ehrgeiz beherrscht, ohne Fernsicht. Dahinter steckt ein Bourgeois, der die Bourgeois ärgert, ein kleiner Mann mit großem Appetit wie Menzel, nur gröber; ein Communard, der in der Revolutionsnacht in die heimlich ersehnten Tuilerien dringt und sich in den königlichen Armstuhl flegelt. — Da kommt Manet. Nach dem Nachschwätzer Proudhons der Feingeist eigenen Witzes, Pariser bester Art. Das Gefecht mit der Gesellschaft, von Courbet mit Knüppeln begonnen, wird mit dem Florett fortgesetzt. Ein spannendes Gefecht, die Klinge pfeift, aber doch mehr Duell, mondäne Angelegenheit, als Kampf um letzten Einsatz. Im Grunde Holz vom Stamme Courbets, nur besser gespitzt. Bürgerlich ist der ganze Impressionismus, die Kunst der Oberfläche, philisterhaft das Programm, der Stolz auf Neuheit und gedruckte Weisheit, das Spezialistentum der Kaste, die mit der Sonne wie mit der Vereinsfahne umgeht, stets bereit, jede Begabung zu opfern, die dem Prinzip widerspricht. Teilen! teilen! ist das Schlagwort. Es riecht nach Sozialdemokratie.

Da kommt Cézanne, und endlich werden die Dinge wieder groß. Er ist kein Delacroix[21]. Paläste gibt es für ihn so wenig wie für Rembrandt, und das letzte Hauptwerk, der Baldachin aus Leibern und Zweigen, bleibt unvollendet, vielleicht nur weil der geschärften Sensibilität jedes Monument, auch der gedichtete Palast eines Marées, zu greifbar erscheint. Seine Größe ist nichts für alle, nichts für die Einfältigen, aber unantastbare Kunst, Delektation. Er war ein seltener Musikant, entlockte dem alten Instrument neue Töne, aber spielte nie sich selbst oder andern zur Kurzweil, war Komponist, der vornehmste Typus des Komponisten unsrer Zeit. Er gab der Malerei den Adel zurück, den Anstand des gut geborenen Organismus; ein Aristokrat.

Ein Witz der Geschichte: dieser Aristokrat war im Äußern, so wie er ging und stand vollendeter Spießer; Gevatter So-und-so mit einer Glatze und einem Zumpelbauch. Er hatte den kleinen Tic aller Provinzler, eine gewisse Originalität. — „Monsieur Cézanne — ah, un original!" sagen die Aixer Bürger. „Un artiste! Il travaillait fort, celui-là!" — Damit meinen sie, daß er die Pariser hineinlegte. Mit einem Augenzwinkern fügen sie hinzu: „Un peu toqué tout de même!"

Er lebte durchdrungen von den Pflichten eines Aixer Bürgers, hielt sich keine nackten Modelle, weil er das für einen ältern Mann gefährlich und nicht schicklich fand, zahlte regelmäßig seine Steuern, ging Sonntags zur Messe und hatte keinen größern Ehrgeiz, als in den Pariser „Salon" zu kommen, was ihm versagt blieb. Im Grunde doch kein Witz der Geschichte. Wie hätte er leben sollen? — Mein Reich ist nicht von dieser Welt. Wie sollte ich ihr meine Herrschaft erweisen? Sie würde noch lauter über mich lachen, womöglich die Hand auf meinen Rock legen. Laß sie lachen. Ich lasse mein eigenes Dasein über mich lachen, aber ich herrsche.

Cézanne starb 1906 in Aix im Alter von achtundsechzig Jahren, die Palette in der Hand. Vier Wochen vor seinem Tode schrieb er einem Maler, er hoffe jetzt einige Fortschritte zu machen.

# ANMERKUNGEN

1) Über einige der frühesten Bilder s. das Cézanne-Kapitel in meiner ersten Entwicklungsgeschichte. Die dort vermutete Beziehung zu Bildern der Brüder Le Nain ist inzwischen
bestätigt worden. Das Hauptbild der ersten Zeit, ein Paris-Urteil, ist eine geschickte unper-
sönliche Skizze, vielleicht die freie Übertragung eines Vorbildes. Vollard datiert es 1860.
(Ambroise Vollard: Paul Cézanne [Paris, 1915]).

2) Aus demselben Jahre das Bildnis eines Jugendfreundes, des Malers Achille Empereire,
(Zola schreibt in seinem Brief an Cézanne vom 13. Juni 1860 den Namen „Ampérère")
mit dem unförmlichen Kopf, dieselbe unfreiwillige Karikatur, Sammlung Eugène Boch in
Monthyon, und der oben erwähnte Zeitungsleser bei Pellerin in Paris. Pellerin hat oder hatte in
seinem Bureau am Boulevard eine ganze Reihe solcher Studienköpfe. Einer von ihnen heute
in der Sammlung Durieux-Cassirer, Berlin; ein anderer in der Sammlung Reber in München.
Das schöne Bildnis des Knaben mit dem aufgestützten Kopf in der Sammlung Meier-Fiertz,
Zürich, wird am Ende dieser Periode entstanden sein, ebenso der merkwürdigste Kopf, Brust-
bild eines Mönchs in weißem Talar mit Kreuz, das reifste und reichste Werk der Zeit, von
großem dekorativem Gepränge, in der Sammlung Schmitz in Dresden. (Das Bild ist nicht,
wie irrtümlich vermutet wurde, Selbstbildnis, sondern stellt einen Aixer Freund dar, den der
Maler für den Zweck kostümiert hat. Man findet ihn in einem andern Bildnis derselben Zeit
wieder. Herr Perls, der frühere Besitzer, fand das Bild vor einigen Jahren in Arles im Nach-
laß des Aixer Freundes, und es wurde ihm dort als Bildnis des Jugendfreundes, der das Werk
bis zu seinem Tode besessen hat, angegeben.)

3) Über die ursprünglich heiße Freundschaft vergl. die Lettres de Jeunesse in Zolas
„Correspondence" (Fasquelle, Paris 1907; eine deutsche Ausgabe unter dem Titel „Briefe
an die Freunde", mit den Briefen an Cézanne, bei Kurt Wolff, Leipzig, 1918) und Emile Zola
von Alexis (Charpentier, Paris 1882). Zola machte aus Cézanne den Claude Lantier, den
flauen Helden in „L'Oeuvre". Die „Baigneuses", das Gemälde, mit dem sich Claude Lantier
aufreibt, gehn auf das nicht mehr vorhandene Bild „Femmes au bain", aus 1861/62 zurück.
Claude (übrigens das Pseudonym Zolas unter seinen Aufsätzen im „Evenement", die er 1866
als „Mon Salon" in Buchform dem Freunde widmete) scheint eine Mischung aus Courbet,
Manet und Cézanne und mag über das erste Auftreten Cézannes manches zutreffende Detail
enthalten. Das Modell war in Wirklichkeit Bohémien von ganz anderm Umfang und blieb
es zeitlebens, freilich hinter einer nichts weniger als bohémienhaften Maske. Zola wurde von
dem mangelhaften Selbstvertrauen getäuscht, das Cézanne bis zum spätesten Alter zur Schau
trug, von seiner übertriebenen Eile, stockende Bilder zu zerstören und ähnlichen Momenten,
die in der Jugend natürlich schärfer als später hervortraten und wohl auch manchen andern
Intimen irregeführt haben. In einem Brief an Zola 1860, dessen Antwort erhalten ist, treibt
der Zweifel an seiner Kunst Cézanne zu der Drohung, „den Pinsel wegzuwerfen". Die Ver-
öffentlichung des Romans lockerte die Beziehung zwischen den Freunden. Später, als Zola
immer bürgerlicher wurde, kamen sie ganz auseinander.

4) Eins der schönsten, „l'Après midi bourgeoise" (La Promenade) von 1871 in der Sammlung
Max Liebermann, Berlin. Aus derselben Zeit das sonderbare Motiv „Die Räuber und der

Esel", dessen lebhafte Farben an Goya erinnern, in der Sammlung Rothermundt in Dresden. Der etwas frühere „Mord" in der Sammlung Julius Elias, Berlin. Es gibt mehrere „Versuchungen des Heiligen Antonius"; die erste und schönste, die oben erwähnt wird (siehe die Abbildung), ist 1870 entstanden. Ein Bildnis aus dieser Zeit in der Sammlung Pellerin, die auch noch ein figürliches Motiv aus 1871 besitzt. Von den vielen Landschaften aus dem Anfang der siebziger Jahre, die in l'Estaque entstanden sein sollen, ist nicht mehr viel übrig geblieben. Die beiden kleinen Landschaften bei Thannhauser, München, gehören in diese Zeit.

5) Vergl. Anmerkung 9. Übrigens wirkt die Gestalt auch kompositionell nicht ganz überzeugend.

6) Näheres in meinem Manet (München 1912).

7) Das Bild im Prado.

8) Die Auferstehung des Heilands im Prado, mit der man im gleichen Gedankengang die frühe Auferstehung in Toledo vergleichen mag.

9) Man weiß von keiner Reise nach Spanien, doch war Greco im Kreise Manets kein Unbekannter, und man sah ihn dort nicht mit den Augen Théophile Gautiers. Wie mir Vollard erzählte, hat Cézanne wahrscheinlich Photographien nach Bildern Grecos gesehn. Mit einiger Bestimmtheit kann man annehmen, daß Cézanne mit Astruc, dem Freunde Manets, bekannt war, der begeistert für Greco eintrat und zur Zeit als Cézanne in Paris war, einige Bilder Grecos, wenn auch keine Hauptwerke, besaß. Unter andern den „Ildefonso" (Cossio Nr. 299). Man könnte eine belanglose Parallele zwischen diesem Bild (oder auch dem „Domingo", den Degas besaß) und dem Mönch auf Cézannes „Versuchung des Heiligen Antonius" konstruieren. Über Astrucs Beziehung zu Greco vergleiche meinen „Manet" (München 1912, S. 75, Note). Die oft wiederholte Behauptung, Cézanne habe mit seiner „Frau mit dem Kopftuch" das Bildnis Grecos, „Dame im Hermelin", kopiert, ist ein Symptom für die in die Augen springende Verwandtschaft, längst nicht das überzeugendste, (manche Landschaften geben viel tiefere Aufschlüsse) wird aber durch kein Faktum biographischer Art erwiesen. Dieses Bild hat Cézanne bestimmt nicht gesehn, auch nicht in Photographie. So viel ich weiß, ist die Dargestellte die Schwester Cézannes.

Eine materielle Berührung flüchtiger Art mag vorhanden gewesen sein und kann Cézanne bestärkt haben. Der Versuch, auf solche Zufälle das Phänomen der Verwandtschaft zurückzuführen, würde in die Kategorie der Untersuchungen gehören, die das Seherische Grecos mit einem Astigmatismus seiner Augen erklären. — Kuriosum: Auch dieses naive Argument aus der Augenheilkunde wurde gegen Cézanne verwendet, drolligerweise von Emile Bernard, der sich für einen Schüler Cézannes ausgab.

10) Wie bei Marées nehmen die Übermalungen mit der Reife zu. Doch decken schon die frühen Barockbilder zuweilen zahlreiche Schichten.

11) Derselbe Gachet, der später van Gogh pflegte. Seine gelegentlichen Berichte über Cézanne sind weniger zuverlässig als die über van Gogh, dem er viel näher stand.

Es gibt außerhalb der kleinen ehemals Gachetschen Sammlung verhältnismäßig nur sehr wenige Bilder aus dieser Zeit. Viel hat Cézanne zerstört. In deutschem Besitz die Landschaft der Sammlung Arnhold in Berlin. Eine andere, die Guillaumin nahesteht, in der Hoogendijkschen Sammlung im Amsterdamer Rijksmuseum.

12) Aus solchen Launen haben virtuose Hände ganze Oeuvres gewonnen. Geschmackvolle Leute wie Roussel wurden damit dem Publikum früher bekannt als der Meister; gröbere wie Charles Guérin und nach ihm viele andere verarbeiteten das Thema zu gefälligen Gassenhauern oder einem „modern Style" der sogenannten Innen-Dekoration. Man wird Cézanne noch als Tapete erleben.

13) Zumal deutlich in den schönen Studien zu dem Kopf des Harlekin, in der Sammlung Personnaz in Paris. Eine farbige Studie in Aquarell aus der Sammlung Durieux-Cassirer ist in dem zweiten Druck der Marées-Gesellschaft (Die Aquarelle Cézannes) faksimiliert worden.

14) Noch schwieriger als die vorige Periode läßt sich diese Phase zeitlich festlegen, da die Bilder, deren Tendenz sie charakterisiert, fast gleichzeitig mit andern entstehn, die von dieser Tendenz viel weniger berührt werden und teils mehr zu der dritten Phase, teils zu der Art der letzten Zeit gehören. Gerade die Hauptwerke der neunziger Jahre, wie das Porträt von Geffroy

von 1890, die „Spieler" bei Pellerin von 1892 und die „Spieler" des Louvre (Moreau-Nélaton) oder
die hier abgebildete Variante, früher bei Dr. Julius Elias, Berlin, jetzt in Schweden; die Femme
au chapelet, aus 1896, der prachtvolle „Liseur" derselben Zeit und der „Homme à la Pipe" der
Mannheimer Galerie, oder die magistralen Landschaften bei Pellerin, Alphonse Kann, Gagnat
usw. können für die vierte Periode nicht oder nur mit einem Teil ihrer Eigenschaften heran-
gezogen werden und gehören mit ihrer starken Lebendigkeit mehr zu der frühern. Für die
neue Periode sprechen verhältnismäßig wenige und zum Teil wenig bekannte Bilder, nament-
lich Landschaften und viele, fast alle Aquarelle. Es wäre daher vielleicht richtiger, nicht
von einer eigenen Periode, sondern von einer, neben der dritten Phase und darüber hinaus-
laufenden, besonders spiritualisierten Art von Bildern zu reden. Die Wichtigkeit der Art
läßt mich an der Einteilung festhalten. Mit dieser Einschränkung kann man den Beginn
etwa in das letzte Viertel der achtziger Jahre legen, das Ende um die Wende des Jahrhunderts.
Von bekannteren Bildern zählen dahin, „la Forêt de Chantilly", und die schöne „Marnebrücke" bei Pellerin, beide aus 1888, die Landschaft der Stockholmer Galerie und bis zum
gewissen Grade eine Landschaft der Sammlung M. Oppenheim, Berlin, die Schneelandschaft
der Sammlung Reber in Barmen, das Selbstbildnis im Hut von 1890, das beste Bildnis der
Gattin (im Gewächshaus) von 1891 und das einzigartige Bildnis des Jungen in der Weste
(Sammlung Reber, München) trotz seines eklatanten Rots. Vorbereitet wird die Art von vielen
vorhergehenden Bildern. Man glaubt eine Andeutung schon in den blonden Badenden vor
dem „Zelt" zu erkennen (in der Sammlung Fahraeus in Lidingön in Schweden), einem
Meisterwerk aus 1878, das wie eine Übertragung des schwarzen Barocks der ersten Zeit wirkt.
Bei Fahraeus auch das schöne Stilleben mit dem Amor, das man mit zu der Gruppe rechnen
könnte.

15) In meiner Cézanne-Monographie (München 1913) S. 10 ff.

16) Dem widerspricht nicht der Reichtum der Cézanneschen Palette. Emile Bernard
(Mercure de France, Oktoberheft 1907) nennt fünf verschiedene Gelbs, vier verschiedene
Blaus, sechs Rots, drei Grüns. Aber aus diesen vielen Farben mischte Cézanne in homöo-
pathischen Dosen die seinen (er hat nie ganz reine Farben verwendet), und diese waren zumal
in dieser Zeit verhältnismäßig gering an Zahl.

17) Vergl. zum Beispiel die oben erwähnte Schneelandschaft der Sammlung Reber, wo
alles Weiß vom Grund der Leinwand gebildet wird, mit dem ganz aquarellmäßigen Auftrag.

18) Emile Bernard berichtet Cézannes Wort über Manet: Un grand peintre, mais un
médiocre sensitif de ton.

19) Eine Anekdote Vollards: Er fragt Cézanne, wie er sich zu dem Kriege 1870/71 ver-
halten habe. Darauf Cézanne: „Écoutez, Monsieur Vollard, pendant la guerre j'ai beaucoup
travaillé sur le motif à l'Estaque."

20) Bericht Vollards. Andere erzählen, Cézanne habe seine Früchte nach Wachsnach-
bildungen gemalt, und das klingt angesichts mancher Bilder, zum Beispiel des Stillebens mit
den fünf Äpfeln der Sammlung Loeser in Florenz, das die Spuren langer Arbeit verrät, nicht
unwahrscheinlich. Auch solche nahezu nachweisbaren Zusammenhänge mit toten Dingen
sagen nichts gegen das Leben der Bilder. Delacroix malte Palmenhaine nach einem Blumen-
topf. Im Grunde bedeuten solche Geschichten nicht mehr als die Anekdoten, die man sich
von den Stimulantien der Dichter erzählt.

Der Vorsicht, die gegen die auf angeblich persönlichen Mitteilungen Cézannes beruhen-
den Analysen der Doktrin des Meisters am Platze ist, bedarf es nicht bei Vollards köstlicher
Satire, die mehr von den andern als von Cézanne handelt und persönliche Seiten des Menschen
mit Sicherheit trifft; wohl aber bei Bernard, der zuweilen über Cézanne vom Standpunkt
eines unverhohlenen Akademikers urteilt und entscheidende Faktoren, deren Gültigkeit Cézanne unzweideutig erwiesen hat, mit Nonchalance oder in einem Ton von Duldung be-
handelt, der die Grenzen unfreiwilliger Komik übersteigt.

21) Ein Beitrag zu der tiefverzweigten Beziehung zu Delacroix ist das Aquarell nach der
Medea in Lille. Eine faksimilierte Abbildung in den oben erwähnten „Aquarellen Cézannes"
(Marées Gesellschaft). Es gibt noch mehrere andere freie Übertragungen Delacroixscher Mo-
tive, zum Beispiel „Die Hagar" in der Sammlung des Freiherrn v. Simolin in Berlin.

# VERZEICHNIS DER ABBILDUNGEN

ABBILDUNGEN

Das Urteil des Paris / 1860
Photo Vollard

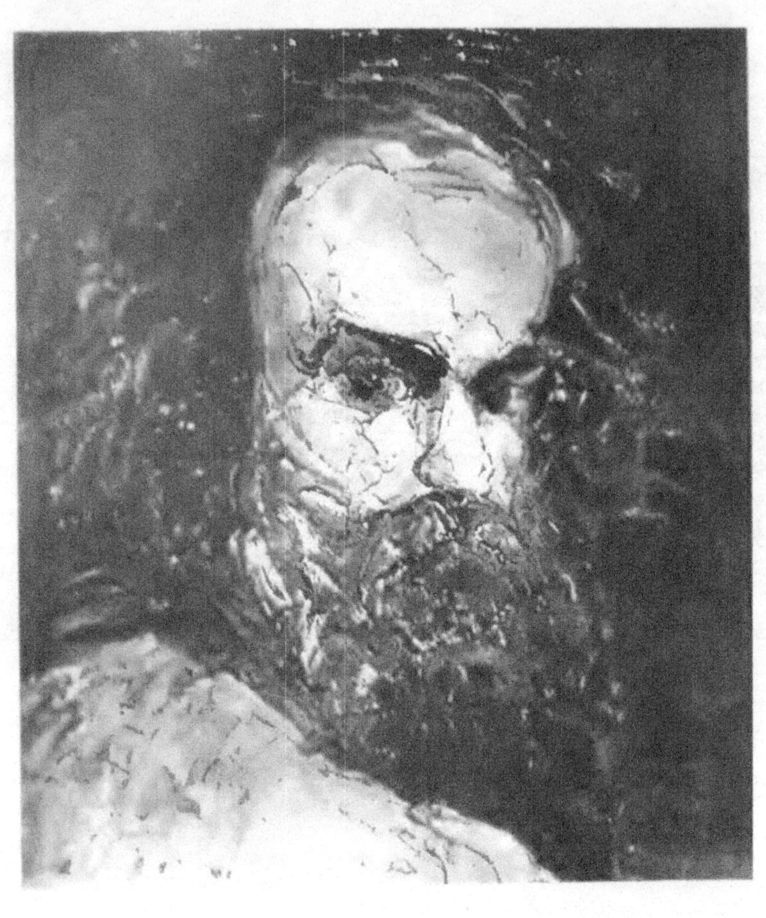

Selbstbildnis / 1864
Photo Vollard

Bildnis Zolas / 1860

Bildnis eines Jugendfreundes als Mönch / gegen 1864

Sammlung Schmitz, Dresden

Bildnis / gegen 1865

Sammlung A. Pellerin, Paris

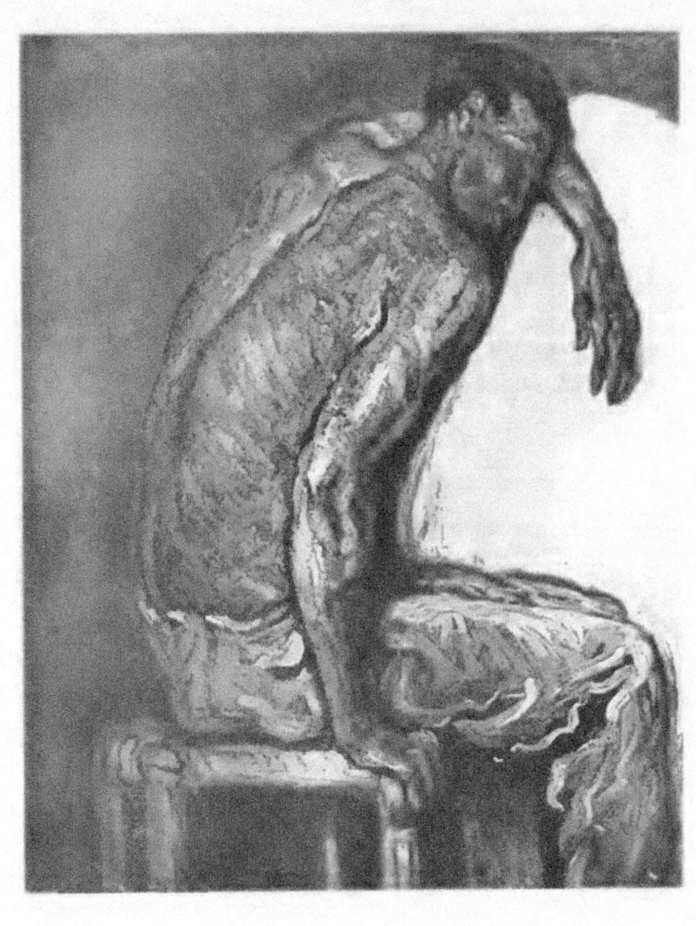

Der Neger Scipio / 1865
Photo Vollard

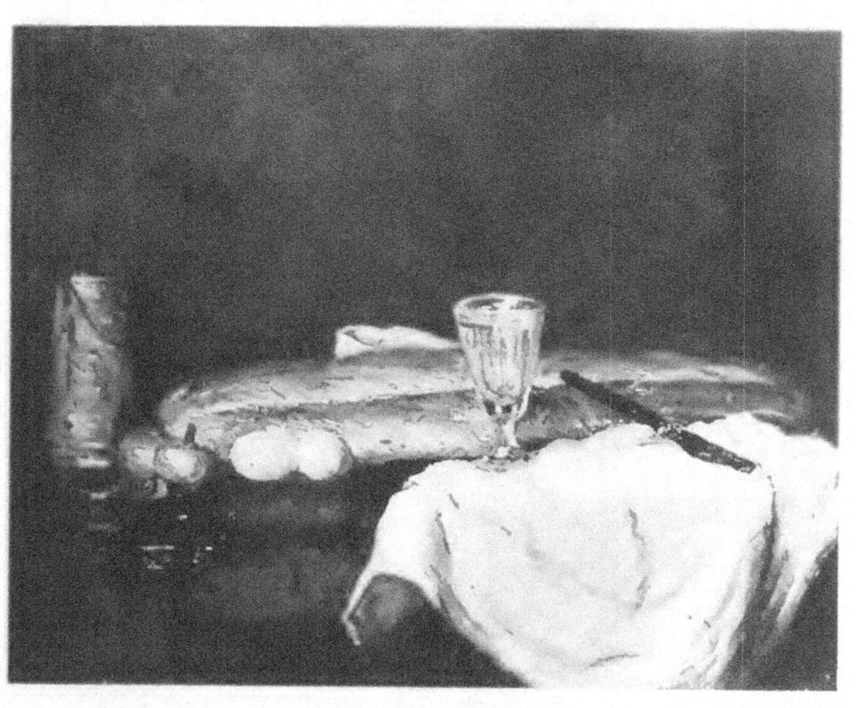

Stilleben / 1865
Sammlung Dr. Hugo Cassirer, Berlin
Photo Paul Cassirer

Der Leser (Bildnis des Vaters) / 1866
Sammlung A. Pellerin, Paris
Photo A. Vollard

Der Vater des Künstlers mit Mütze / 1866
Photo Bernheim jeune

Bildnis Emperaires / 1866
Sammlung A. Pellerin, Paris

Bildnis des Malers Emperaire / Zeichnung / 1867

Photo Vollard

Die Entführung / 1866—1868
Früher Sammlung E. Zola

Copie nach der Dantebarke / gegen 1868
Photo Bernheim jeune

Venus und Amor / gegen 1867
Früher Sammlung Degas, Paris

Die Orgie / Wandbild / gegen 1868

Photo Bernheim jeune

Stilleben mit Totenkopf / gegen 1867
Photo Bernheim jeune

Wandbild in Jas de Bouffan / gegen 1868

Pietà / gegen 1869

98

Wandbild in Jas de Bouffan / gegen 1868

Photo Bernheim jeune

99

Im Garten / Bleistiftzeichnung

Spaziergänger / gegen 1869

Kopie nach Lancret. Wandbild in Jas de Bouffan / gegen 1870

Photo Bernheim jeune

Die Schwestern / 1870

Der Mord / gegen 1870
Sammlung Dr. Julius Elias, Berlin

Idylle / 1870–71
Sammlung A. Pellerin, Paris
Photo Druet, Paris

105

Der Esel und die Diebe / gegen 1870

Sammlung Rothermundt, Dresden

Photo Paul Cassirer, Berlin

Das Frühstück im Freien / gegen 1870

Sammlung A. Pellerin, Paris

Olympia / Tuschzeichnung / 1863
Photo Vollard

Olympia / 1871

Sammlung J. & G. Bernheim, Paris

Landschaft mit Angler / 1870—75
Sammlung Octave Mirbeau
Photo A. Vollard

Versuchung des hl. Antonius / 1870

Versuchung des hl. Antonius / Zeichnung / um 1872

Versuchung des hl. Antonius / gegen 1873
Photo Vollard

Die roten Dächer / 1870

Sommertag / 1871

Sammlung Max Liebermann, Berlin

Stilleben / gegen 1870
Nationalgalerie, Berlin

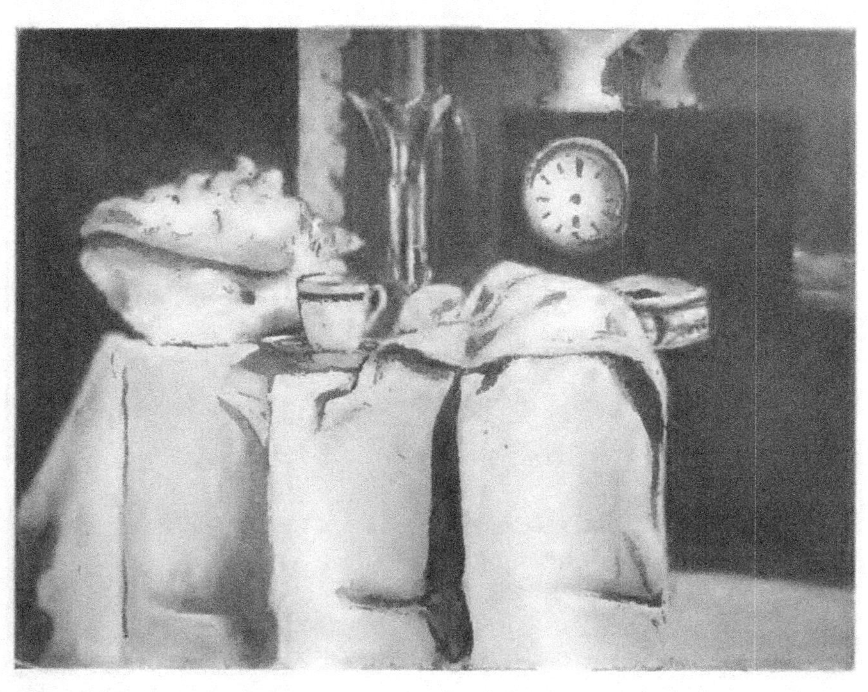

Stilleben mit schwarzer Uhr / gegen 1870

Sammlung Koner, Budapest

Landschaft / gegen 1871
Moderne Galerie (Thannhauser), München

Landschaft / gegen 1872

Photo Paul Cassirer

Sammlung Frau von Friedländer-Fuld, Berlin

Selbstbildnis / 1874
Photo Druet

Selbstbildnis / 1873
Sammlung A. Pellerin, Paris

Der Maler / gegen 1873

Sammlung Josef Müller, Solothurn

Der Knabe mit dem aufgestützten Kopf / gegen 1872

Sammlung Meier-Fiertz, Zürich

Landschaft / gegen 1876

Photo E. Druet, Paris

Der Bahndurchstich / spätestens 1878
Neue Staatsgalerie München

Badende / 1877

Sammlung Flechtheim, Düsseldorf

Stilleben / 1877

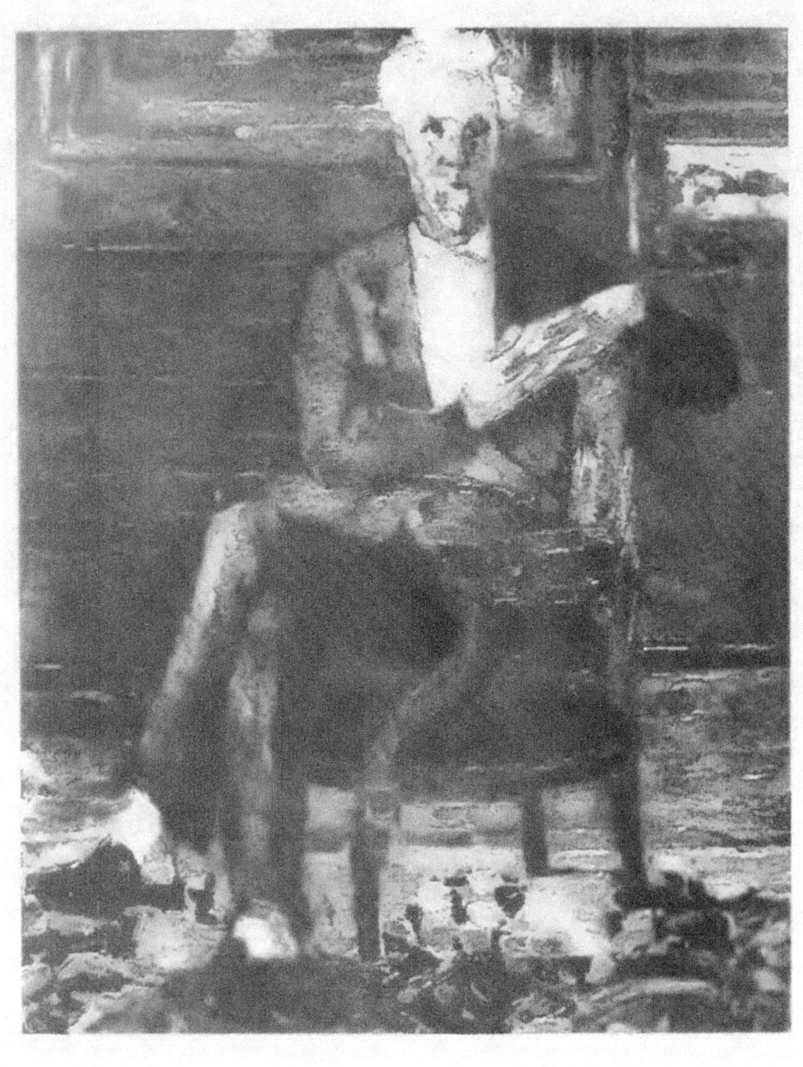

Bildnis Choquets / 1877

Frau Cézanne / etwa 1877
Sammlung G. F. Reber, München

Selbstbildnis / gegen 1880

Selbstbildnis / gegen 1879

Sammlung A. Pellerin, Paris

Photo Druet, Paris

Hagar und Ismael (nach Delacroix)
Sammlung Freiherr v. Simolin, Berlin

Frühstück im Freien / 1878
Photo Vollard

Frauen nach dem Bade vor einem Zelt / gegen 1878

früher Sammlung Fahraeus, Lidingön bei Stockholm

134

Versuchung des hl. Antonius / gegen 1880

Knabenbildnis / 1879

Bildnis / gegen 1880

Sammlung Bernheim jeune, Paris

Photo Druet, Paris

Selbstbildnis / gegen 1880

Sammlung Th. Behrens, Hamburg

138

Selbstbildnis / 1880

Aquarell / gegen 1880

Zeichnung nach einer Plastik

Zeichnung nach dem Milon von Puget

Photo Bernheim jeune

Zeichnung nach dem Merkur von Pigalle

Studie nach einer Plastik

Medea (Aquarell nach dem Gemälde Delacroix')

Sammlung Durieux-Cassirer, Berlin

Rochers en Provence / gegen 1880
Ehemalige Sammlung Octave Mirbeau, Paris
Photo A. Vollard, Paris

Die Straße / gegen 1880

Sammlung Th. Behrens, Hamburg

Ansicht von Auvers / gegen 1874
Kaiser-Friedrich-Museum, Magdeburg

Bei Auvers / gegen 1874

Früher Sammlung Tetzen-Lund, Kopenhagen

L'Estaque und die Reede von Marseille / gegen 1880
Paul Cassirer, Berlin

Die Schnitter / gegen 1880
Sammlung J. & G. Bernheim, Paris

Gegend bei Ste. Victoire / gegen 1880

Sammlung Morosoff, Moskau

Blick auf Gardanne / gegen 1880

Sammlung Fabbri, Paris

Landschaft / gegen 1880
Sammlung Schmitz, Dresden

154

Landschaft / gegen 1880

National-Museum, Stockholm

Landschaft / gegen 1880
Sammlung Oppenheim, Berlin

Landschaft / gegen 1880
Sammlung Oppenheim, Berlin

Das geborstene Haus

Sammlung Rothermundt, Dresden

Photo Paul Cassirer, Berlin

Die Seine / gegen 1880

Sammlung Th. Behrens, Hamburg

Landschaft / gegen 1880

Nationalgalerie, Berlin

Photo E. Druet, Paris

Landschaft

Sammlung Oppenheim, Berlin

Vorhang / gegen 1888

Sammlung G. F. Reber, München

Toilette

Photo E. Druet, Paris

Frau Cézanne / nach 1880

Frau Cézanne / gegen 1880

Villa am Wasser / gegen 1882

Sammlung G. F. Reber, München

Landhaus am Wasser / gegen 1885

Seelandschaft / gegen 1885

Sammlung G. F. Reber, München

Umgebung von Marseille / gegen 1885

Sammlung Oppenheim, Berlin

Landschaft / gegen 1885

Die Farm / gegen 1885
Photo Bernheim jeune

Ste. Victoire bei Aix in der Provence / gegen 1885

Sammlung Morosoff, Moskau

Durchblick durch einen Parkweg / 1886

Stilleben mit Tulpen / gegen 1885

Sammlung Frau Franz Schütte, Bremen

Photo Druet

174

Stilleben / gegen 1885

Das Haus des Gehängten / gegen 1885
Sammlung Vollard, Paris
Photo Druet

Mont Victoire / gegen 1885

Sammlung G. F. Reber, München

Don Quichote / gegen 1885

Sammlung A. Pellerin, Paris

Photo A. Vollard

Don Quichote / gegen 1885

Sammlung G. F. Reber, München

Zeichnung / gegen 1885
Sammlung Cézanne junior, Paris

Badende / gegen 1888
Photo Druet, Paris

Badende Männer / gegen 1885

Sammlung G. F. Reber, München

Badende Männer / gegen 1888

Stilleben / gegen 1883

Stilleben / gegen 1885

Sammlung Hessel, Paris

Wald / gegen 1885

Sammlung Ad. Rothermundt, Dresden

Photo Paul Cassirer, Berlin

Cézannes Haus

Sammlung Newman, Berlin

Allee in der Provence / gegen 1885

Haus in Aix / gegen 1885

Sammlung G. F. Reber, München

Stilleben

Photo I. Druet, Paris

190

Stilleben
Photo E. Druet, Paris

Bacchanal (Zeichnung) / gegen 1885

Bacchanal / gegen 1886
Photo Bernheim jeune

195

Lutteurs amoureux / 1885
Sammlung G. F. Reber, München

Phantasie / gegen 1885

Bildnis der Frau Cézanne / gegen 1883
Photo F. Druet, Paris

Bildnis / gegen 1885
Photo Paul Cassirer, Berlin

Bildnis der Frau Cézanne mit grünem Hut / 1888

Frau Cézanne / gegen 1889

Bildnis der Frau Cézanne

Photo E. Druet, Paris

Frau Cézanne / gegen 1888

Frau mit Kopftuch und Boa / gegen 1885
Sammlung A. Pellerin, Paris
Photo Druet

Bildnis Choquets / 1885
Sammlung Durand-Ruel, Paris
Photo J. Druet, Paris

Die große Kiefer / 1887

Photo Vollard

Haus am Mont Victoire / gegen 1885
Sammlung G. F. Reber, München

Plastik / gegen 1885
Sammlung Gagnat, Paris
Photo A. Vollard, Paris

Stilleben / gegen 1889
Sammlung S. Fischer, Berlin

Stilleben / gegen 1885
Sammlung G. F. Reber, München

Stilleben / gegen 1890

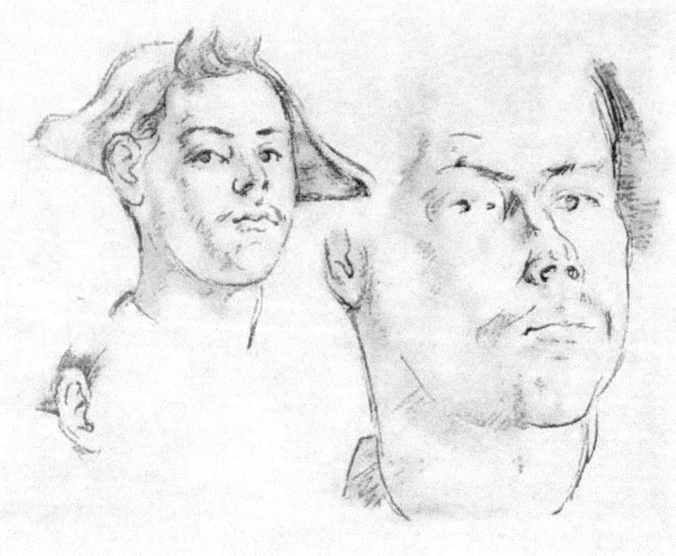

Zeichnung zum Mardi gras / gegen 1888
Sammlung Personnaz, Paris

Mardi gras / gegen 1888

Sammlung Stchoukine, Moskau

Landschaft / gegen 1886

Marnebrücke / 1888
Sammlung A. Pellerin, Paris
Photo Druet

Badender Mann (Zeichnung)

214

Der Junge mit der roten Weste / gegen 1888
Sammlung G. F. Reber, München

Landschaft aus der Provence / gegen 1885
Sammlung G. F. Reber, München

Dächer / gegen 1888

Sammlung Durieux-Cassirer, Berlin

Bei Aix / gegen 1888
Photo E. Druet, Paris

Wald mit Haus / gegen 1888
Sammlung Durieux-Cassirer, Berlin
Photo Paul Cassirer, Berlin

Provence / gegen 1890

Photo Paul Cassirer, Berlin

Sitzender Bauer (Aquarell)

Badende Frauen / gegen 1888

Sammlung Fayet, Paris

Photo Druet

Waldinneres / gegen 1890
Photo Paul Cassirer, Berlin
Sammlung Rud. W. Vollmoeller, Vaihingen-Stuttgart

223

Henri Gasquet / gegen 1890

Photo-Bernheim jeune

Der Junge mit dem Totenkopf / nach 1890
Sammlung G. F. Reber, München

Dorf unter Bäumen / gegen 1890

Kunsthalle Bremen

Photo Paul Cassirer

Landschaft / gegen 1890

Selbstbildnis / 1890

Selbstbildnis / gegen 1880

Pinakothek, München

Photo Franz Hanfstaengl, München

229

Badende / gegen 1890

Sammlung Ducker

Photo A. Vollard

230

Badende / gegen 1890
Sammlung A. Vollard, Paris
Photo A. Vollard

Stilleben mit Putto-Plastik / gegen 1890
Photo Bernheim jeune

233

Stilleben / gegen 1890

Frau Cézanne im Gewächshaus / 1891

Sammlung Morosoff, Moskau

Die Spieler / 1892
Sammlung J. B. Stang, Kristiania

Die Spieler / 1892

Sammlung A. Pellerin, Paris

Stilleben / gegen 1894

Photo I. Druet, Paris

Studie zum Raucher / gegen 1896
Sammlung Stein, Paris

Der Raucher / gegen 1896

Sammlung Morosoff, Moskau

Photo Druet

Der Raucher / 1896

Mannheimer Kunsthalle

Bildnis / gegen 1895

Photo F. Druet, Paris

Die Frau mit dem Rosenkranz / 1896

Die Badenden / 1895

Die Badenden / 1895—1905
Sammlung Vollard, Par

Skizze / gegen 1896

Studie (Aquarell) / gegen 1900

Selbstbildnis mit Mütze / gegen 1900
Sammlung Fabbri, Paris
Photo Druet

Joachim Gasquet / um 1900
Photo Bernheim jeune

Der alte Bettler / um 1903

Photo Bernheim jeune

Made in the USA
Monee, IL
07 July 2026

56626669R00152